Veronika Smoor

WHAT WOULD GRANDMA DO?

Nachhaltiger leben
mit dem alten Wissen
unserer Großmütter

VERONIKA SMOOR, Jahrgang 1974, lebt mit ihren zwei Kindern und ihrem Mann auf dem Land bei Heilbronn. Aufgewachsen in einem traditionellen Gutshaus, lernte sie von klein auf, wie man einen Garten bestellt, Kräuter sammelt und Marmelade einkocht. Ihr Werdegang führte sie in die Schreinerei, ins Flugwesen, auf Weltreisen, ins Sekretariat und letztendlich zum Schreiben. Seit 2013 schreibt sie Artikel und eine Kolumne für das Magazin „Family" und ist für das Nachhaltigkeitsmagazin „Anders leben" im Herausgeber-Beirat tätig.
Mehr Infos: www.veronikasmoor.com
Instagram:@what_would_grandma_do

Veronika Smoor

WHAT WOULD grandma DO?

Nachhaltiger leben mit dem alten Wissen unserer Großmütter

BONIFATIUS

Inhalt

GARTEN

TRADITIONELLE FERTIGKEITEN

KREISLAUFDENKEN

GRANNY-WERTE

Vielleicht gehst du am nächsten Wochenende hinaus in die Natur, suchst Wildkräuter und verarbeitest sie zu Tee oder einer Suppe.

Am Anfang ein paar Gedanken

Vorgestern fragte mich eine Freundin: „Um was geht es in deinem neuen Buch?" Wenig fürchte ich so sehr wie diese Frage. Meine Manuskripte lassen sich nicht auf ein sauber verschnürtes Thema, auf einen Satz herunterbrechen. Außerdem besitze ich gegenüber meinen Büchern einen mütterlichen Beschützerinstinkt. Ein Buchmanuskript ist nämlich wie ein ungeborenes Baby und die Frage, um was es in meinem Buch geht, ist ähnlich der, die man werdenden Eltern stellt: „Und? Was wird es denn?" Mädchen? Junge? Man hofft auf nette Reaktionen. Dieses Ungeborene ist jedoch noch viel mehr als nur sein Geschlecht. Es wird sich mit Leben füllen und vielleicht ein großartiger Witzeerzähler oder eine Rennfahrerin oder jemand, der ganz besonders gut Gefühle oder Kreativität oder Intellekt ausdrücken kann. Ein Kind ist so viel mehr als nur ein Geschlecht. Und dieses Buch ist so viel mehr als nur ein trockenes Thema.

Alles habe ich zwischen diese zwei Buchdeckel gepackt, was sich im Laufe der letzten 48 Jahre in mir angesammelt hat an praktischem Know-How: Beobachtungen, Überzeugungen, Ausprobieren. Vieles verdanke ich den Älteren, die den Weg vor mir gegangen sind. Ich habe ihnen zugehört und kann mich seit jeher für ihre Geschichten, ihre Werte und ihr Wissen erwärmen.

Die gleiche Freundin, die sich neugierig nach dem Inhalt meines Buches erkundigte, seufzte frustriert auf, als ich ihr einige Details nannte. „Ich bewundere ja, wenn andere das schaffen mit dem Kochen und Selbermachen und Gärtnern. Aber ich habe dafür gar keine Zeit." Ich verstand sie zutiefst. Und ich habe nachgedacht. So soll dieses Buch gar kein Appell an dich sein. Lies es durch und pick dir einen kleinen Anfang heraus. Etwas, das dir Freude macht. Keinen Leistungsdruck verursacht. Vielleicht gehst du am nächsten Wochenende hinaus in die Natur, suchst Wildkräuter und verarbeitest sie zu Tee oder einer Suppe. Oder du packst endlich etwas an, das dir schon lange auf der Seele lastet: Du verschaffst dir eine Übersicht über deine Finanzen. Oder du legst einen Haushaltsordner an. Oder eine Liste mit günstigen Gerichten. Oder du lernst, deine Kleidung zu reparieren.

Ich glaube nicht, das eine Einzelperson alles können muss. Wie schrecklich wäre das? Erstens wäre das der todsichere Weg in einen Burn-out. Und zweitens bräuchten wir einander nicht, wenn man seine eigene One-Man- oder One-Woman-Show ist. Du würdest gerne lernen, deine Kleidung zu reparieren? Aber du hast zwei linke Hände? Vielleicht gibt es in der Nachbarschaft eine Oma, die so etwas gerne übernehmen würde. Du findest die Idee eines eigenen Gemüsegartens eine feine Sache, aber dir fehlt die Zeit? Vielleicht kannst du ein kleines Stück Land zusammen mit anderen bebauen. Oder der ältere Herr am Ende des Dorfes braucht etwas Unterstützung bei der Gartenarbeit. Gegen ein wenig Mitarbeit an einem Samstag könnte er dich in Naturalien entlohnen. Neben den Früchten aus seinem Garten würdest du auch von seinem Wissensschatz profitieren. Die Haltbarmachung interessiert dich, aber du kannst nicht den ganzen Sommer in der Küche stehen und 40 Weckflaschen Tomatensoße einkochen? Tu dich mit Gleichgesinnten zusammen und veranstaltet einmal im Sommer oder Frühherbst eine große Einkoch-Party. Ladet eine erfahrene Oma ein, die euch alle Kniffe und Tricks beibringen kann. Gemeinsam kann man sehr viel mehr wegarbeiten als allein. Am Ende freut sich jeder über Gläser voller Sommer.

Es ist nicht wichtig, alles zu können, sondern unterwegs zu sein.

Wofür wir alle Raum in unserem Leben machen können: unseren Lebensstil ausrichten an der Bescheidenheit und an den Werten unserer Vorfahren. Nie war dies ein drängenderes Anliegen als in dieser Zeit. Meine Vorschläge sollen dir dabei eine Unterstützung und Motivation sein.

Was auch immer du aus diesem Buch in die Praxis umsetzt: Ich habe alle Rezepte und Anleitungen getestet. Es kann aber sein, dass dein Ergebnis anders ausfällt als meines. Backöfen haben eine unterschiedliche Performance. Im Winter gelingt ein Hefeteig anders als im Sommer. Manchem fehlt zu Beginn die Routine, die sich jedoch – versprochen! – mit der Zeit einstellen wird.

Ich hoffe, dass dein Exemplar viele Flecke und Knicke bekommt, weil du es wieder und wieder zur Hand nimmst, Stellen anstreichst, es neben den Herd legst, es im Beet vergisst und Freunden ausleihst.

LOS geht's ...

Pfirsich Chutney
Salsa
Salsa

What would Grandma do?

Granny war die erste Öko-Aktivistin

Um eines vorab zu klären: Ich bin weit davon entfernt, eine Großmutter zu sein. Hoffentlich.

Meine Kinder stehen nämlich erst an der Schwelle zum Teenageralter und sie wissen hoffentlich, dass sie sich bitteschön alle Zeit der Welt lassen dürfen, mich zur Oma zu machen. Wenn sie 30 sind, können wir gerne drüber reden.

Aber vor einigen Jahren bin ich auf den Geschmack feiner Großmutterqualitäten gestoßen und pflege seitdem meine innere Oma. Ich bleibe nicht mehr zwanghaft am Abend so lange auf, bis ich das Gefühl habe, die Zeit, welche ich tagsüber mit Haushalt, Job und Kindern verbracht habe, aufgewogen zu haben. Nein. Ich gehe zu einer vernünftigen Omazeit ins Bett (ich weiß nicht, was du für vernünftig hältst – bei mir ist das 22 Uhr). Ich bin ein besserer Mensch mit ausreichend Schlaf. Frag meine Mitmenschen.

Ich habe Vergnügen an Stricken und Gärtnern und Quilten gefunden. Als mich meine amerikanische Freundin besuchte und sie in meinem Arbeitszimmer einen angefangenen Quilt entdeckte, lachte sie: „Quilten? Das machen bei uns nur die Omas."

Tja, aber deine Oma konnte vielleicht nicht nur aus alten Stoffresten etwas neues Wunderschönes und Wärmendes schaffen, sondern auch Hühnersuppe kochen, wenn du krank warst, und sie hatte ihre Garderobe sowie ihre Finanzen immer fest im Griff. Was werden wir tun, wenn wir mal in dem Alter sind? Maggi-Fix-Tüten aufreißen, billige Polyesterdecken kaufen und Konsumschulden abbezahlen?

Irgendwann im letzten Jahrhundert ist die Wissenskette gerissen. Anstatt von den Alten zu lernen, belächelten wir sie und begruben den uralten, von Generation zu Generation transportierten Wissensschatz unter Fertigprodukten und dumpfer Berieselung.

Aber mit dem Verlust des alten Wissens – und damit meine ich nicht schnell abrufbares Wikipediawissen, sondern eines, das dem Menschen tief in Knochen und Seele sitzt – sind uns oft gute Werte aus den Händen geglitten: Nachbarschaftshilfe, Bescheidenheit, Treue, Nächstenliebe.

Mir liegt nichts daran, die alten Zeiten zu vergolden. Sie waren genauso verworren und schwierig wie heute. (Nur dass Oma und Opa sich nicht mit Algorithmen abplagen mussten.) Aber ohne das alte Knochen- und Seelenwissen haben wir kein Handwerkszeug, um den Krankheiten dieser Zeiten zu begegnen.

Ein wichtiges Handwerkzeug, das sich wie ein roter Faden durch dieses Buch ziehen wird, nenne ich **„Granny-Pragmatismus"**. Dieser Granny-Pragmatismus hat folgende Kennzeichen:

- **Nutze, was du hast.**
- **Sei zufrieden mit dem, was du hast und wer du bist.**
- **Kaufe nur, was du wirklich brauchst und in der besten Qualität.**
- **Gehe behutsam mit den Dingen, Menschen und der Natur um.**
- **Sei ein guter Nachbar.**
- **Kultiviere Freude an den einfachen Dingen.**

Moderne Gegenbewegungen zum entfesselten Kapitalismus wie z. B. Achtsamkeit, Digital Detox, Nachhaltigkeit, Gemeinwohlökonomie, Marie Kondo, Slow Food, Slow Living, etc. kann man allesamt im Granny-Pragmatismus verorten.

Oder andersrum gesagt: Wenn wir den Granny-Pragmatismus zu einem dauerhaften Lebensstil machen, werden Nachhaltigkeit, Gemeinwohlökonomie und Slow Living zum automatischen Nebenprodukt.

Während ich dieses Buch schreibe, überholen mich die Ereignisse und auf einmal ist Verzicht ein Wort, das auf der Startseite von Nachrichtenportalen auftaucht. Ich höre große Skepsis und Widerwillen gegenüber dem Wort „Verzicht". Vielen macht es Angst, es klingt nach erzwungener Einschränkung. Aber lass mich Verzicht in andere Worte packen, die es geradezu verlockend machen: Stell dir vor, dir bleibt am Ende des Monats Geld übrig, du würdest dein Leben mit größerer Leichtigkeit bestreiten und spürtest eine größere innere und äußere Unabhängigkeit!

Was ich zutiefst glaube: Wenn wir weiterhin mit den uns anvertrauten Ressourcen umgehen, als wären sie ein All-You-Can-Eat-Buffett, werden uns die Klimakrise und ihre Folgen sowieso dazu zwingen, uns einzuschränken. Also warum nicht hier und heute den Granny-Pragmatismus zum dauerhaften Lebensstil machen und lernen, was wir können und darin eine ganz unerwartete Erfüllung finden?

Das ist ein Bild meiner Mutter, 15-fache Oma und 5-fache Uroma. Du wirst im nächsten Kapitel mehr von ihr erfahren. Sie hat mich geprägt. Auch wenn ich das niemals wollte. Tja, so ist das mit Müttern. Sie ist Teil einer Generation, die das Knochen- und Seelenwissen noch besaß. Und diese Generation hat keinen Nerv für:

Wellnesstempel
Hunde-Outfits
Lach-Yoga
Capital Bra
Antibakterielle Reiniger („Ein bisschen Dreck hat noch nie geschadet.")
Handyglitzerhüllen
Handlettering („Kind, das haben wir in der Schule gelernt und hieß Schönschrift!")
Instagram Filter
Proteinpulver
Einhorn-Badeinseln
Sternzeichen-Tattoos
Vanilla-Cupcake-Duftkerzen („Mach das aus. Davon bekomm' ich Kopfschmerzen.")
Billigflüge
Schottergärten
Anti-Aging-Cremes
Coffee to goo („Wer ist Kofi Togo? Ein UN-Abgeordneter?")

Meine Geschichte

Meine Großmütter habe ich nie kennengelernt. Ich kenne sie nur aus Erzählungen und von Bildern. Die eine Großmutter war eine imposante Gestalt. Sie bestand von Kopf bis Fuß aus drolligen Rundungen. Zeitweise geplagt von Depressionen, führte sie einen Gutshof, überdauerte finanzielle Engpässe, zog zwei Kinder groß und starb mit Ende 60. Die andere Großmutter verwandelte sich von einer gesunden Stadtpflanze zur mittellosen, ausgezehrten Flüchtlingsfrau. Bewältigte klaglos unaussprechliche Strapazen mit drei kleinen Kindern und starb kurz nach dem Krieg an Tuberkulose.

Meine Mutter, das ehemalige Flüchtlingskind, hat mich spät bekommen. Und deshalb wuchs ich etwas anders auf als meine Mitschüler. Wer nämlich einmal Hunger und Not erlebt hat, wirtschaftet anders. Was war also schon dabei, das eigene Kind in die alte Jeans des Bruders zu stecken? Viel, wie sich herausstellen sollte. Denn besagtes Kind sehnte sich nach einer Stonewashed Jeans. Und knöchelhohen „Adidas“, wenn wir schon dabei sind!

Sie lebte nach den alten Wegen, beobachtete Modetrends immer erst eine Weile und entschied dann, ob sie diesen folgen wollte. Während Müttern das Stillen abgewöhnt wurde, stillte sie eisern (trotz Abmahnung durch die Kinderkrankenschwester). Während Toastbrot die Esstische eroberte, buk sie ihr Sauerteigbrot. Während andere Kinder in der Pause eine Milchschnitte, ein „BIFI“ und „Capri-Sonne“ aus ihrem nagelneuen, glänzenden „Scout-Ranzen“ angelten, holte ich verschämt meine Dose mit einer Vollkornschnitte und einen Becher mit selbst gepresstem Apfelsaft aus meinem alten Lederranzen, den gefühlt 28 Geschwister vor mir genutzt hatten.

Während andere bei Erkältung „Wick MediNait“ eingeflößt bekamen, ließ sie uns über Kamillendämpfen inhalieren und mit Salbeitee gurgeln.

Ich lernte das alte Knochen- und Seelenwissen. Den Sommer verbrachte ich im Garten, erntete Erdbeeren, verkochte sie literweise zu Marmeladen. Wir pflückten im Frühjahr Brennnesseln für Ersatzspinat und Kräuter gegen verschiedene Unpässlichkeiten. Mit Kuchen wurde ich zur kranken Nachbarin geschickt und zum Spielen immer nach draußen. Das Leben fügte sich in den Rhythmus der Jahreszeiten. Und wenn das Leben schmerzhafte Bocksprünge machte, beteten wir.

Vor 14 Jahren wurde ich selbst Mutter. Das brachte meine Mutter zum Staunen, denn sie war der Meinung, Schwangerschaft und Sesshaftwerdung seien ganz und gar untypisch für mich. Die Jahre zuvor war ich unstet durch die Welt getingelt. Mal als Flugbegleiterin. Ein anderes Mal mit Rucksack auf dem Rücken. Ich war in der Welt zu Hause und hielt es selten länger als ein, zwei Jahre an einem Ort aus. Aber man ist ja nie nur eines, sondern vieles.

Ich war also nicht nur vergnügungssüchtige Weltenbummlerin, sondern sehnte mich nach einem Ort, an dem ich von Kopf bis Fuß zu Hause sein konnte. Ich traf meinen späteren Mann. Wir heirateten, stolperten über ein zu mietendes Häuschen auf dem Land und zogen ein. An die unansehnliche Fassade pflanzte ich Wilden Wein. Hellblaue Fliesen zierten das Bad, orangefarbene die Küche. Je hässlicher das Haus, desto interessanter die Herausforderung, es schön und wohnlich zu machen. Im Bad stellte ich Farne auf und legte den Boden mit bequemen Matten aus. In der Küche kochte ich Erdbeermarmelade und hoffte, der Duft würde von den orangefarbenen Wänden ablenken. Ich ging in Elternzeit. Wir entschieden uns für ein traditionelles Familienmodell. Nicht aus ideologischen, sondern aus rein praktischen Gründen. Wir waren zufrieden.

Als mein Mädchen zur Welt kam, stellte sich unsere Welt auf den Kopf. In jeder Hinsicht. Bleierne Müdigkeit und Hormonwallungen waren plötzlich neue Herausforderungen. Glückseligkeit bügelte so manche Unbill aus. Zwei Jahre später gesellte sich Mädchen Nr. 2 zu unserer Familie.

Mein Knochen- und Seelenwissen hatte seit meinen Teenagerjahren Winterschlaf gehalten. Aber mit den Geburten unserer Kinder erwachte es zu neuem Leben. Ich war zutiefst glücklich und zufrieden, die ersten Jahre für Heim und Garten und Kinder zuständig sein zu dürfen. Denn das eröffnete mir ganz neue, ungeahnte Handlungsspielräume.

Mit einem Patchworkkissen fing es an. Mal wieder besuchte ich mit meinen zwei kleinen Mädchen meine Eltern auf ihrem Bauernhof. Ich wühle gerne in alten Sachen, und auf einer meiner Erkundungsreisen durchs Haus entdeckte ich die Stoffrestekiste. Sie stand vergessen in einer Rumpelkammer, und als ich den Deckel öffnete, traf mich der Geruch vergangener Jahrzehnte wie ein Schlag. Alte Gardinen und Jeansreste. Hier ein Stück Trachtenstoff, der von einer Näharbeit in den 70ern übrig geblieben war. Eine alte Schürze, die Erinnerungen an unsere Hofküche hervorrief. Dort ein Modestoff aus den 50ern, an manchen Stellen ausgeblichen, weil er als Vorhang jahrelang in der Küche gehangen hatte. Meine Mutter warf nichts weg. Ich schob die Stoffe hin und her wie Puzzleteile, bis ich mit den Farb- und Musterkombinationen einverstanden war. Meine Mutter baute ihre alte Nähmaschine auf. Sie zeigte mir die einzelnen Arbeitsschritte, die so kompliziert gar nicht waren. Ich schnitt kleine Quadrate aus und verliebte mich in das Geräusch, das die Stoffschere macht, wenn sie durch Baumwollgewebe ratscht. Ich machte etwas mit meinen

Händen! Aus Dingen, die 30 und 40 Jahre lang in einer Kiste auf Wiederverwertung gewartet hatten! Das fühlte sich zutiefst befriedigend an. Manchmal staunt man, welche Potenziale in einem selbst schlummern. Und in alten Dingen.

Das Patchworkkissen war die Initialzündung, die etwas Grundlegendes in mir weckte: die Erkenntnis, dass ich etwas mit meinen Händen schaffen kann aus Dingen, die ich bereits im Haus habe. Eine Tür war in mir aufgestoßen worden, zögerlich und neugierig trat ich ein. Der Patchworkschritt zog weitere Schritte nach sich. Größere. Mutigere. Ich wollte mehr von diesem beglückenden Gefühl der Selbstwirksamkeit!

Meine nächsten Projekte: Ich baute ein kleines Kräuterbeet an. Nähte einfache Kleidchen für meine Mädchen aus alten Bettbezügen. Strickte mir einen dicken, schiefen, kratzigen Schal, den ich nur einmal trug. Buk mein erstes Brot, das meine Familie mit höflicher Tapferkeit verzehrte. Organisierte meine Tiefkühltruhe. Mixte mein erstes Reinigungsmittel aus Soda und Seife. Reduzierte unseren Plastikmüll. Stellte Naturkosmetik her. Ich lernte, Löcher in Hosen und Socken zu stopfen. Und mit dem Flicken der Jeanslöcher reparierte ich das löchrige alte Band der Wissenskette, das ich einst achtlos weggeworfen hatte.

Ich baute mir meine Selbstständigkeit auf, sodass ich weiterhin in freier Zeiteinteilung von zu Hause aus arbeiten und wirken konnte. Einige Wochenenden im Monat reiste ich als freie Fotografin durch die Lande. Ich begann mit dem Schreiben, unterschrieb meinen ersten Buchvertrag und hielt Vorträge. Die Erwerbsarbeit taktete ich so, dass Zeit blieb fürs Brotbacken und Gärtnern, fürs Haushalten und Putzen, für Kinder und Freunde. Mit dem „Homemaking" verdiene ich nichts im finanziellen Sinne, aber genau diese Tätigkeiten machen mich reich. Seitdem ich diese „Granny-Skills" in meinem Leben kultiviere, komme ich bei mir selbst und in diesem Leben an. Meine Eltern stehen im vorletzten oder letzten Lebensjahrzehnt, es naht der Verlust einer inneren und äußeren Heimat. Ich empfinde eine Dringlichkeit, mir und meinen Lieben ein warmes Zuhause zu schaffen. Denn das ist es, wonach wir uns alle sehnen: einen Ort, an den wir gehören.

Deine Seele braucht einen Ort – dein Zuhause – wo sie zur Ruhe kommen kann.

Inmitten dieser harten und unsicheren Welt brauchen wir alle einen Platz, an dem wir weich landen. Ein Zuhause, einen sicheren Hafen. Die Slow Living Bewegung der letzten Jahre beweist, dass sich Menschen in dieser überfrachteten, komplexen Welt nach einem einfacheren Lebensstil sehnen.

Und doch hat das eigene Zuhause in den letzten Jahrzehnten in mancher Hinsicht eine Abwertung erlebt. Schleichend wurde es zum Schlafplatz umfunktioniert, einem Ort, an dem man sich abends vor den Fernseher fläzte und müde eine Pizza bestellte. Dort, wo man konsumierte und optimierte. Und sich von sich selbst und seinen Mitmenschen entfremdete. Für viele bedeutete die eigene Wohnung weniger einen Schutz- und Entfaltungsraum und immer mehr Menschen lebten nebeneinanderher. Aber dort, wo ich aufwuchs, war das anders. Man kannte sich. Man wusste immer, wo man sich notfalls ein bisschen Mehl oder ein Ei holen konnte. Keiner starb allein. Keiner

litt allein. Die Türen waren offen. Irgendetwas wurde immer gekocht. Oder gebacken.

Ich möchte das Leben unserer Vorfahren nicht romantisieren. Für einige moderne Neuerungen bin ich überaus dankbar und sehne mich keineswegs danach, am Waschbrett zu schwitzen. Und an manchen Abenden, nach einem zehrenden Tag, ist ein Netflix-Marathon das einzig Vernünftige. Aber eines hatte die alte Generation uns voraus: Sie waren nicht von unendlichen Auswahlmöglichkeiten und Selbstoptimierungsappellen überwältigt. Sie litten weniger an der Epidemie der Einsamkeit. Perfektionismus war ein Fremdwort, genauso wie entfesselter Konsum und Leben über die eigenen Verhältnisse. Kaum einer besaß einen Terminkalender.

In meinem eigenen Terminkalender versuche ich, Menschen zu priorisieren (funktioniert nicht immer, aber ich bemühe mich). Das letzte Wochenende zum Beispiel war rot eingekreist. Blockiert. Für einen Besuch meiner Eltern bei uns. Freitagmorgen krochen sie über die Autobahn zu uns („Stell dir vor, Kind, dein Vater ist sogar einmal 140 gefahren!"). Kaum hatte meine 85-jährige Mutter die Küche betreten, raffte sie Energie und Röcke zusammen und nahm sich zwei große Schüsseln. Sie schritt ins Freie, auf die wilde Wiese hinter unserem Garten, und begann Brombeeren, Wildpflaumen und Kläräpfel zu pflücken. Ich ging ihr nach, zeigte ihr die besten Stellen, denn als Erbgutträgerin dieser Frau suche ich selbst täglich die wilde Wiese hinter unserem Garten auf und pflücke alles, was dort an Bäumen und Sträuchern zu verfaulen droht.

Es ist die uralte Bewegung, die bereits die Jäger und Sammler kannten und die uns in Knochen und Seele sitzt. Das Bücken und Pflücken. „Ploing, ploing" fallen die Beeren in die Schüssel. Ein paar wandern in den Mund. Das Reden und Lachen und Staunen darüber, was sich in kurzer Zeit anhäuft. Blaue Berge von Brombeeren, duftende Kläräpfel und Wildpflaumen, die ein bisschen wie gemalt aussehen. Wenn die Hände beschäftigt sind, fällt das Reden leichter. Die Brombeeren lösen Erinnerungen aus:

Mutter erzählt von der Flucht. Das ist der traumatische Dreh- und Angelpunkt ihrer Lebensgeschichte. Acht Jahre war sie damals, 1945. Als die Rote Armee Breslau einkesselte und meine Großmutter ihre drei Kinder auf einem Schlitten im tiefsten Winter aus der Stadt zog. Sie wurden bei einer Familie nahe Dresden zwangseinquartiert. Zum Sterben zu viel, zum Leben zu wenig.

„Wir gingen Brombeeren pflücken", erinnert sich Mutter, während sie sich nach Beeren weit oben im Strauch reckt, „so wie wir jetzt. Und als wir in unsere Unterkunft zurückkehrten, setzte meine Mutter die Brombeeren auf, um daraus Kompott zu kochen. Sie hatte keinen Zucker. Frau Geschu (die ‚Gastmutter') ging nach nebenan, holte einen Schöpflöffel wertvollen Zucker und schüttete ihn wortlos in den Topf. Kind, das werde ich nie vergessen."

Als wir dann später in die Küche zurückkommen, um unsere eigenen Brombeeren zu Kompott zu kochen, kann ich beim Süßen aus dem Vollen schöpfen: raffinierter Zucker, brauner Zucker, Stevia, Ahornsirup, Agavendicksaft und Honig.

Wir brauchen nicht nur altes Wissen, sondern auch alte Geschichten. Geschichten, Granny-Pragmatismus und die Wissenskette sind Bestandteile einer Revolution, mit der wir die Krankheiten unserer Zeit mildern können, und die in den eigenen vier Wänden anfängt:

- **Wo wir uns und unsere Familien nähren.**
- **Wo wir Gemeinschaften bilden.**
- **Wo wir Gastfreundschaft üben.**
- **Wo wir alte Fähigkeiten wiederbeleben.**
- **Wo wir mit dem auskommen, was wir bereits haben.**
- **Wo wir Zufriedenheit und Dankbarkeit üben.**
- **Wo wir Musik machen, Brot backen, lesen, gärtnern, teilen, bauen und Schönes schaffen.**

„Homemaking"

Hausarbeit steht der tieferen Erfüllung nicht im Weg. Sondern wird zum Boden, aus der diese Erfüllung wächst.
SHANNON HAYES [1]

Das englische Wort „Homemaking" klingt so viel schöner als das harte deutsche Wort *Hausarbeit*, nicht wahr? Im deutschen Wort schwingt sture Pflichterfüllung mit. Arbeit, die es schnell hinter sich zu bringen gilt. Als ich mit meinen zwei kleinen Mädchen daheim war, mit Wischmopp und Kochlöffel als Zepter, heftete ich mir manchmal den Titel „Homemaker" an. Das klang flotter. Nicht so fürchterlich kontrovers und altbacken. Das Wort „Homemaking" fügt der gestrengen deutschen Hausfrauen-Gründlichkeit eine verspielte Komponente hinzu: das bewusste Gestalten eines Ortes mit allen Sinnen. Ein Ort, der heilt: uns. Unsere Beziehungen. Unsere Beziehung zur Erde.

Homemaking ist auch Putzen und Wäschewaschen, und zugleich ist es ein ökologischer und politischer Beitrag direkt an der Basis. Eine Graswurzelbewegung. Eine aktive Gegenbewegung zur entfesselten Konsumkultur. Weil wir weniger konsumieren und mehr gestalten. Unser Zuhause ist die Basis, wo wir in direkte Aktion treten und Veränderung bewirken können. Wo wir uns der Schöpfung zuwenden, indem wir gärtnern, Vorräte anlegen, Beziehungen pflegen, Zeit und Liebe in unsere Kinder investieren, Nachbarschaftshilfe leisten, Brot backen, uns weiterbilden, aktiv Müll reduzieren, Ausgaben kontrollieren.

Gesellschaft und Politik übersehen in ihrer Suche nach Lösungen ein gigantisches Kapital, das direkt vor ihren Füßen liegt: die Leistung der Hausfrauen und -männer. Die „Homemaker". Die Entscheidung, von zu Hause aus zu arbeiten, darf kein Luxus sein, sondern ein anerkannter Gesellschaftsbeitrag, der von der Politik finanziell honoriert werden muss.

Unsere Wirtschaft misst sich an den Gütern, die sie produziert. Aber wir spüren noch eine andere Wahrheit – eine viel wichtigere – tief in uns: dass dieser Wirtschaftsbegriff unvollständig ist, wenn er nicht auch das unsichtbare Kapital, auf dem eine gesunde Gesellschaft und eine gesunde Umwelt fußen, miteinbezieht, nämlich heile Böden, sauberes Wasser, stabile Beziehungen und Nachbarschaften, genährte Freundschaften, Zeit für Erholung und für die Familie und für lebensspendende Aktivitäten wie Gärtnern, Ehrenämter, Kochen, Kunst, Musik. Das ist wahrer Reichtum. Nicht unser Börsenportfolio. Sondern das Leben, das in unseren eigenen vier Wänden und rund um uns herum pulsiert.

Der amerikanische Autor, Aktivist und Landwirt Wendell Berry hat viel über die lokale Ökonomie geschrieben. Unter anderem dies:

„Wir brauchen eine ‚neue Ökonomie'. Jedoch eine, die auf Genügsamkeit und Sorgfalt, Sparsamkeit und Bewahrung fußt, nicht auf Übermaß und Verschwendung. Eine verschwenderische Wirtschaft ist von Natur aus hoffnungslos brutal und Krieg wird unvermeidbar zum Nebenprodukt. Was wir brauchen, ist eine Ökonomie des Friedens."[2]

In unseren Häusern, Wohnungen, Nachbarschaften können wir als Homemaker eine lebensspendende Ökonomie aufbauen. Deren Merkmale sind – anders als in der entfesselten Wirtschaft – immateriell. Wendell Berry nennt sie: kulturgeborenes Wissen, Haltung und Kenntnisse, Zusammenhalt von Familien und Gemeinschaft, Zusammenarbeit in Familien und Gemeinschaft, kulturelle und religiöse Prinzipien wie z. B. Dankbarkeit für Gaben (göttliche oder natürliche), Bescheidenheit, Treue, Nächstenliebe und Nachbarschaftlichkeit.[3]

Nun ist es finanziell für die wenigsten Familien und Einzelpersonen machbar, dem wirtschaftlichen Aspekt des Lebens den Rücken zuzukehren und sich als Wald-Einsiedler neu zu erfinden. Für manche könnte es vielleicht eine Möglichkeit sein, die eigenen Ausgaben so weit zu reduzieren, dass nur noch einer von zwei Partnern außer Haus arbeiten gehen muss? Dass man als Einzelperson Arbeitszeit reduzieren könnte? Vielleicht ist ein früherer Renteneintritt eine Option oder für Alleinstehende der Anschluss an eine Gemeinschaft?

Es gibt nicht den *einen* Lebensentwurf, gerade in unserer Postmoderne nicht. Erst recht nicht gilt es, Errungenschaften des Feminismus zugrunde zu richten. Ganz im Gegenteil muss der Weg zu einem Leben als Homemaker nie im Gegensatz zum Feminismus stehen. Die Wahl einer Frau ist die Wahl einer Frau. Ob sie sich entschließt, außer Haus arbeiten zu gehen oder in die Familienarbeit zu starten. Nur muss diese Care-Arbeit sichtbar gemacht und ordentlich entlohnt werden. Auch die Männer müssen sich stärker emanzipieren und sich an der Homemaker-Front einbringen. Ich kenne genug Männer, die liebend gerne tauschen würden, aber den Schritt nicht wagen.

Viele haben ein stilles Verlangen nach den alten Fähigkeiten.

Wir müssen nicht in eine Kommune aufs Land ziehen, nur noch Kleidung aus Hanf tragen, Hühner selbst schlachten. Aber viele von uns haben ein stilles Verlangen nach den alten Fähigkeiten, nach guten, bodenständigen Werten unserer Großmütter und Großväter.

In welcher Lebenssituation du dich heute auch befindest: Du kannst lebensspendende Ökonomie und Granny-Pragmatismus in dein Leben integrieren. Ob du nun dein erstes Brot backst. Oder eine Extra-Portion Suppe für den kranken Nachbarn mitkochst. Oder Kräuter auf der Fensterbank anbaust. Oder dein Konsumverhalten überdenkst.

Homemaker haben viele Gesichter. Manche sind den ganzen Tag zu Hause, halten das Haus in Ordnung, kümmern sich um die Kinder, kochen und backen. Andere haben eine Erwerbstätigkeit, die sie von zu Hause ausführen, und können so nebenbei Haushalt und Garten führen. Wiederum andere sind die ganze Woche außer Haus, aber widmen sich am Wochenende dem Homemaking. Und andere wollen punktuell die alte Wissenskette wiederbeleben.

Allen ist eines gemeinsam: die Sehnsucht nach einem einfacheren Leben. Einem, in dem man nicht mehr nur Konsument ist, sondern zum aktiven Gestalter wird.

Gegenkulturell leben

„Sie brauchen Ihren Küchengarten nicht mehr. Jetzt gibt es Supermärkte und dort können Sie alles kaufen, was Sie möchten. Wer will sich denn noch mit dem Gemüseanbau und langwierigem Kochen plagen? Servieren Sie Ihrer Familie Konserven- und Tiefkühlkost – das ist die Zukunft!"

Gemeinsam mit anderen Landfrauen lauschte meine Mutter diesem Vortrag einer strammen Bäuerin bei einem Landfrauentag in den 1960er-Jahren. Sie glaubte sich verhört zu haben. Hauruck-Modernisierungen steht sie grundsätzlich skeptisch gegenüber und unterzieht sie einer harten Prüfung. (Nicht, dass sie sich allem Modernen verschloss – schließlich waren wir eine der ersten Familien im Dorf mit Mikrowelle – aber was gegen ihren Pragmatismus verstieß, wurde eiskalt abgeschmettert.) Nach der Rückkehr von diesem Landfrauentag stiefelte meine Mutter erst recht trotzig in ihren Garten und säte Möhren.

Die 60er-Jahre markierten eine Bruchstelle zwischen der alten Wissenskette und der Moderne. Der Zeitpunkt, als die Gesellschaft Altes aussortierte und sich gierig auf alles Neue stürzte (Babymilchpulver! Antibakterielle Reiniger! Polyesterkleidung!). So mancher Zeitgenosse ließ sich vom Konsum blenden, gab alte Bindungen auf, zog in die moderne Urbanität und verschrieb sich dem grenzenlosen Wirtschaftswachstum. Von der Rasanz der Entwicklungen überrollt, gelang es der Menschheit nicht, Regulierungen und Werte zu formulieren, die dem Fortschritt gesunde Grenzen setzten.

Wir haben uns ein System geschaffen, in dem wir verunsichert herumirren und nach Orientierung suchen. Der entfesselte Markt, der Klimawandel, der Überkonsum sind wie ein Geist, den man aus der Flasche gelassen hat und welchen man nun nicht mehr zurückstopfen kann. Es bedarf einer gemeinsamen Weltanstrengung, das Tempo und die Zerstörung zu drosseln.

Manchmal beobachte ich die bescheidene, genügsame Lebensweise der Alten. Die in nachbarschaftlicher Gemeinschaft leben und für die Essengehen ein seltener Luxus ist. Die eine stille Zufriedenheit ausstrahlen trotz allem Unfertigen, trotz so mancher Schicksalsschläge. Denen dieser eine Tag genügt und eine gute Mahlzeit und ein Buch und eine Stunde im Garten. Die noch nie etwas von Squid Game oder TikTok gehört haben. Die dem Nachbarn einen Besuch abstatten und nachmittags ein kleines Schläfchen halten.

Und wenn ich das so sehe, denke ich bei mir, wie anders die Welt aussähe, wenn noch viel mehr Menschen genau so leben und handeln würden. In stiller Zufriedenheit. Nicht weil sie alles haben. Sondern weil sie mit den Unfertigkeiten des Lebens versöhnt sind.

Sie sind mit Fähigkeiten ausgestattet, die ihnen größere Unabhängigkeit verschaffen. Wenn etwas kaputtgeht, wissen sie, wie man es repariert. Wenn der Baum im Garten voller Äpfel hängt, können sie die Ernte verwerten. Wenn man hustet, kennen sie hilfreiche Kräuter aus der Natur und kochen daraus Tee. Aus dem, was sie bereits haben, können sie etwas Neues machen. Sie haben nicht nur sich selbst, sondern auch immer den Nachbarn mit im Blick. (Und damit meine ich nicht den misstrauischen Polizistenblick.) Sie verfügen über ein Wertesystem, das nichts so schnell erschüttern kann.

Die bequemen Verlockungen der Moderne verführten uns dazu, aus einer uralten Kreislaufwirtschaft auszubrechen und ein lineares Verbrauchssystem zu schaffen, welches Erde und Mensch binnen weniger Jahrzehnte an den Rand des Ruins getrieben hat. Wir und unsere Welt wurden mit natürlichen Begrenzungen geschaffen. Warum glaubt man also immer noch an ein grenzenloses Wachstum?

Vielleicht hatten die Alten doch recht? Wenn sie nichts wegwarfen, genügsam lebten, die Löcher in den Socken stopften und ihre drei Hühner im Hinterhof hielten. Granny-Pragmatismus ist kein neues Lifestyle-Modell, dem wir nur so lange folgen, bis es nicht mehr hip ist. Sondern eine gegenkulturelle Notwendigkeit, eine dauerhafte Bewegung in eine bessere Zukunft, die dann vielleicht nicht mehr so bequem, aber dafür befriedigend, menschen- und umweltfreundlich ist.

Was Oma und Opa dir raten würden …

IN DEINEN 20ERN:

„Es ist ok, wenn du jetzt noch nicht weißt, was du vom Leben willst. Aber versuche es herauszufinden."

„Probiere dich aus. Aber wertschätze deine Arbeit. Egal, wie gering sie ist."

„Baue dir einen guten Freundeskreis auf und halte dich von Menschen fern, die dir nicht guttun."

„Der Typ ist hübsch, aber er wird dir keine Zukunft bieten können."

„Such dir einen Partner, der deine Werte und Ziele teilt."

„Nur Gulasch schmeckt aufgewärmt. Aber keine Beziehung."

„Ziehe nicht zu weit weg von deiner Familie. Du wirst sie brauchen."

„Es ist großartig, dein erstes Geld zu verdienen. Aber du wirst dich später ärgern, wenn du es für unnütze Dinge verschleudert hast."

„Lerne, mit Geld umzugehen. Lege es klug an. Spare, wo du kannst."

„Zieh ein Unterhemd an, wenn es kalt ist."

IN DEINEN 30ERN:

„Ihr seid nicht nur Liebespaar, sondern ein Team."

„Ohne Vergebung läuft nichts in der Partnerschaft."

„Wenn du Single bist: Genieße dein Leben. Reise. Kultiviere Freundschaften und Interessen."

„Du kaufst ein Haus? Kaufe ein kleines. Die Kinder sind schneller aus dem Haus, als du denkst."

„Spare dein Geld und zahle deine Immobilie treu ab."

„Triff klare Absprachen in deiner Partnerschaft. Euer Weg muss zu euch passen. Egal, ob ihr beide außer Haus arbeitet, einer zu Hause bleibt oder die Großeltern mit ins Boot geholt werden."

„Ihr werdet euch schon wieder zusammenraufen."

„Versucht, mit einem Gehalt auszukommen, und spart das andere Gehalt."

„Kaufe gebrauchte Kleidung."
„Sei ein Vorbild für deine Kinder. Sie beobachten, wie du mit anderen Menschen, mit Finanzen, mit Herausforderungen umgehst."
„Überprüfe deine Besitztümer regelmäßig: Brauchst du einen zweiten Fernseher, ein zweites Auto?"
„Hab doch auch mal ein bisschen Spaß!"
„Zieh ein Unterhemd an, wenn es kalt ist."

IN DEINEN 40ERN

„Kümmere dich spätestens jetzt um deine Rente."
„Überprüfe, ob eure Arbeitsaufteilung im Haus noch passt. Verhandelt je nach Lebensphase neu."
„Beteilige deine Kinder an der Hausarbeit. Sie leben nicht im Hotel."
„Hör nicht auf zu lernen."
„Fang spätestens jetzt mit Sport an."
„Miste regelmäßig aus."
„Überlege, wie du später leben willst, und triff jetzt schon Vorbereitungen."
„Zieh ein Unterhemd an, wenn es kalt ist."

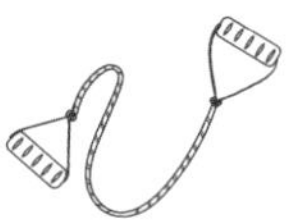

IN DEINEN 50ERN

„Plane, was du als Rentner machen möchtest."
„Nimm jetzt die Dinge in Angriff, für die du früher keine Zeit hattest."
„Gib dein Wissen weiter an Jüngere."
„Nach der Menopause wirst du neue Freiheiten haben. Genieße sie."
„Blicke dankbar zurück auf alle Herausforderungen, die du bisher gemeistert hast."
„Endlich ziehst du ein Unterhemd an, wenn es kalt ist!"

Lerne, was du kannst

Es ist tiefer Winter morgens um 7:30 Uhr. Februarnieselregen benetzt die Windschutzscheibe. Ich stehe mit einem Auto voller Schulkinder auf dem Parkplatz vor der Schule. Die Rückbank leert sich in Sekundenschnelle. Nur meine große Tochter bleibt auf dem Beifahrersitz wie angewurzelt sitzen. „Ich hab gar keinen Bock auf Schule." Mit einer Prise Fingerspitzengefühl und einer Portion Strenge locke ich sie aus dem Auto. Es nützt wenig. Mürrisch und gebeugt wie eine alte Oma schlurft sie Richtung Schuleingang.

Es ist immer noch Winter. Faschingsferien. 22 Uhr abends. Meine große Tochter sitzt über Lernunterlagen. Ich mahne: „Kind, es wird Zeit fürs Bett!" Sie stellt ihre Ohren auf Durchzug. „Nur noch die eine Seite, Mama, bitte." Ja, es handelt sich um das gleiche Kind, welches so große Schwierigkeiten beim Verlassen eines Autos hat!

Nur dass sie nicht Englischvokabeln paukt, sondern Pferderassen. Sie nimmt gerade an einem Kurs teil, den ihr Reitstall anbietet, und sie lernt mit Feuereifer für die Abschlussprüfung. Ich dachte, ich wüsste viel über Pferde. Aber nein, meine 14-Jährige übertrumpft mich mittlerweile bei Weitem.

Dem Menschen fällt das Lernen so viel leichter, wenn er sich für etwas interessiert. Und er ist sein Leben lang lernfähig. Neuerdings kenne ich mich sogar in Anbindetechniken für Ponys aus. Wer hätte das gedacht?

Ich habe mich lange nicht für den Wissensschatz meiner Vorfahren interessiert. Erst als es darum ging, eine eigene Familie zu versorgen, stellte ich fest, dass ich mit leeren Händen dastand. Wie koche ich eine Hühnerbrühe? Wie versorge ich ein Baby, das Durchfall hat? Wie gehe ich mit Geld um, sodass am Monatsende noch etwas übrig bleibt?

Lernte ich zuerst notgedrungen, wurde aus der Notwendigkeit in dem Moment Lust, als ich erste Erfolge verbuchte: Ich konnte ein Hemd bügeln und Brot backen und Waschmittel selbst herstellen und Apfelgelee einkochen und eine Pflanze am Leben erhalten!

Manchmal kommt der Appetit eben erst nach längerem Kauen.

Die Lust am Lernen wuchs. Ich löcherte meine verwunderte Mutter mit Fragen: Wie geht dies? Was denkst du über jenes? Wie hast du dieses damals gemacht? Ich las Bücher über Permakultur und Naturkosmetik, Granny-Wissen und Pädagogik, Hühner, Stricken und Einwecken. Ich brannte so sehr für diese Themen, die mich einst gelangweilt hatten, dass ich sogar nun dieses Buch schreibe.

Mich hält das Lernen lebendig. Deswegen habe ich immer ein paar kleine Projekte in den Nischen meines vollen Alltags, die mich ein wenig aus der Komfortzone locken. Manchmal gelingen sie und ich staune, was da alles in mir steckt. Ein anderes Mal scheitere ich grandios und bestätige mir selbst, dass ich nicht alles können muss.

Ich würde zum Beispiel so fürchterlich gerne die Kunst des Sauerkrautmachens beherrschen. In YouTube-Videos wurde mir das so einfach wie das Braten eines Spiegeleis verkauft. Also besorgte ich mir einen viel zu großen Gärtopf und hobelte Weißkraut, bis ich Blasen an den Fingern hatte. Dann schichtete und salzte und stampfte ich. Penibel überprüfte ich alle Arbeitsschritte und überließ dann das Sauerkraut sich selbst. Ich freute mich auf mein erstes selbst gemachtes Sauerkraut, während der Gärtopf blubberte und rülpste. *(„Ein gutes Zeichen. Das bedeutet, dass es funktioniert!")* Als ich dann nach mehreren Wochen in freudiger Erwartung den Deckel hob, wölbte sich mir ein pelziges, schleimiges Etwas entgegen. Ich wiederholte den Vorgang mehrmals. Immer mit demselben pelzigen Ergebnis. Ich beschloss, mich und den Gärtopf nicht weiter zu quälen und mein Sauerkraut wieder im Supermarkt zu kaufen.

Zum Lernen gehört eben auch die Einsicht des Scheiterns und des Loslassens.

Aber vielleicht sollte ich mal meine Mutter fragen? Wir hatten doch früher immer einen großen Topf im Keller stehen mit fermentiertem, rülpsendem Sauerkraut, das den ganzen Winter hielt.

Wie viel Knochen- und Seelenwissen verstaubt in Seniorenheimen, wird mit ins Grab genommen und verabschiedet sich still aus unserer Welt? Die größte Wertschätzung, die wir unseren Alten entgegenbringen können, ist, sie nach ihrem Wissen zu fragen. Nach ihrer Geschichte. Nach ihren Erfahrungen. Lass dir von deiner Oma das Stricken beibringen. Oder das Kochen und Backen. Frag deinen Opa um Rat, wie du deinen Apfelbaum beschneidest oder deinen Keller sanierst. Frag sie, wie sie früher gelebt haben. Was ihr Rat für eine gelingende Ehe ist. Wie sie schwere Zeiten durchgestanden haben. Was sie in den Ferien gemacht haben.

Weitere Lernquellen sind Bücher, Kurse, Zeitschriften, qualifizierte Mitmenschen, Fernstudiengänge, Youtube, Lernplattformen, Blogs etc. Nie standen uns mehr Möglichkeiten zur Verfügung!

Manche Dinge müssen aber erst durchlebt werden, damit wir lernen. Sowie unsere Großeltern ihr Leben durchlebten und jetzt im Rückblick uns ihren Rat als Proviant mit auf unseren Lebensweg geben können.

Auf den folgenden Seiten möchte ich die Lern- und Probierlust in dir wecken. Bürde dir aber nicht zu viel auf einmal auf. Setze dir ein realistisches Pensum, nimm dir eine Sache vor, die du in kleinen Schritten erreichst. Wenn du am Ende des Buches motiviert bist, deine Finanzen zu ordnen, dein erstes Brot zu backen, ein Hochbeet anzulegen oder immer ein Unterhemd zu tragen, dann bist du deiner inneren Granny schon ein ganzes Stück nähergekommen. Bevor wir die Ärmel hochkrempeln, sollten wir allerdings zunächst einen kritischen Blick auf unseren Besitz und unser Konsumverhalten werfen …

Unser Hab und Gut

Minimalismus ist keine neue Erfindung

Vor einigen Jahren wechselten wir unseren Wohnort. Wir haben allerdings keinen weiten Sprung gewagt, sondern sind nur in das Dorf hinter dem Wald gezogen, denn dort stand ein altes, leer stehendes Häuschen zum Verkauf, das sich mit unserem Budget und unseren Vorstellungen deckte. Nun: Man brauchte einiges an Fantasie, um das Potenzial hinter dem bröckelnden Putz, den verzogenen Fenstern und der Brombeerwildnis zu sehen. Es war ein Häuschen ganz im Stil der Nachkriegszeit: kleine Zimmer, enge Flure, ungedämmt, feuchter Keller. Nach der Besichtigung sagte ich zu meinem Mann: „Nein. Niemals! Nur über meine Leiche. Das Haus stinkt, das Schlafzimmer ist zu klein und der Garten ist überwuchert." – Wir kauften das Haus.

Ich bekam also nicht das Schlafzimmer meiner Träume mit begehbarem Kleiderschrank, Samthocker und Mid-Century-Sideboard. Sondern eine 12 qm große Abstellkammer, in die mit Ach und Krach unser Doppelbett passte. Daneben quetschten wir einen dunkelbraunen 60er-Jahre-Kleiderschrank, der dem Sperrmüllcontainer der Vorbesitzer entgangen war. Selbst mit der ausgefeiltesten Falttechnik hätte die Kleidung meines Mannes und mir niemals in seine Fächer gepasst. Wir hatten zwei Möglichkeiten: die Anschaffung eines Extraschranks, der noch im Kaninchenschuppen Platz gefunden hätte, oder eine radikale Reduzierung unserer Kleidung. Wir entschieden uns für letztere Methode.

An einem Julitag feierten wir Einweihung und ich führte meine neugierigen Freundinnen durch unser frisch renoviertes Häuschen. Ich hörte viele entzückte Ahs und Ohs und Uis: Ah, was für ein schönes Eichenparkett! Oh, eine so schöne geschmackvolle Küche! Ui, ihr habt die Originaltüren erhalten! Im Schlafzimmer: höfliches Schweigen. Eine Freundin deutete auf den Kleiderschrank: *„Und wo hat dein Mann seine Kleidung?" – „Auch da drin." – „Ah, Oh, Ui!"– „Echt?"*

Die Beengtheit des Zimmers entpuppte sich als Vorteil. Was mir anfangs einige Flüche entlockte, wurde zum Segen. Das

Zimmer ist in Windeseile geputzt. Wir haben keine Schrankhüter. Wir geben sehr viel weniger Geld für Kleidung aus.

Diese Erfahrung öffnete mir die Augen für toxische Maximierungsbegierde und Warenüberschuss: mehr, größer, besser. Mehr Kleidung, bessere Häuser, größere Schränke.

Bleiben wir bei dem Thema Kleidung: Eine Frau in den 50er-Jahren besaß im Durchschnitt zwischen 30 und 40 Kleidungsstücken. Heute sind es im Schnitt 118 Stücke (ohne Unterwäsche und Socken). Jedes fünfte Kleidungsstück wird nie getragen, was sich auf eine Milliarde ungetragener Kleidungsstücke in Deutschlands Kleiderschränken summiert. Fast Fashion ermöglicht es einem, sich jede Woche zu billigsten Preisen neu einzukleiden. Der Turnus neuer Kollektionen wechselt nicht mehr wie früher zu jeder neuen Jahreszeit, sondern mittlerweile wöchentlich. Man spricht in der Fast-Fashion-Branche von 52 Micro-Seasons. Die Taktung hat sich erhöht, die Qualität ist bei allen Fast-Fashion-Riesen meist miserabel und sogar in der „Mittelklasse" oft nicht mehr annehmbar (dünnere Baumwolle, schlechte Verarbeitung, Einsatz von viel Synthetik, verzogene Shirts aufgrund von Zuschnittfehlern usw.).

Inzwischen haben Fast-Fashion-Marken Nachhaltigkeit als Marketingtool entdeckt und betreiben häufig schmutziges Greenwashing. Sie gaukeln uns mit aufgeblasenen Nullaussagen ethische Reflexion vor. Schaut man genauer hin, lösen sich alle Versprechungen im Nichts auf.

- Häufig fehlen transparente Lieferketten.
- Arbeiter*innen werden ausgebeutet und unterdrückt.
- Die Modeindustrie ist einer der größten Umwelt- und Klimasünder.
- Für ein einzelnes T-Shirt aus konventioneller Baumwolle werden rund 2.700 Liter Wasser benötigt.[4]
- Eine Jeans benötigt 8.000 Liter Wasser.[5]

- Der Aralsee wurde durch den Anbau von Baumwolle nahezu ausgetrocknet.[6]
- Laut der Heinrich-Böll-Stiftung und dem Bund für Umwelt und Naturschutz Deutschland werden in der Textilindustrie zwischen 20.000 und 40.000 verschiedene Chemikalien eingesetzt.[7]
- In der EU ist der private Konsum von Textilien mit einem Verbrauch von jährlich etwa 1,3 Tonnen Rohstoffen und mehr als 100 Kubikmeter Wasser pro Person der viertgrößte Verursacher von Umweltbelastungen hinter den Bereichen Lebensmittel, Wohnen und Transport. Während Polyester als Chemiefaser aus fossiler Energiequelle ein Problem darstellt, bereitet konventionell produzierte Baumwolle ebenfalls viele Probleme: Sie wird zwar nur auf 2,4 Prozent der Anbauflächen der Welt angebaut, benötigt aber 6 Prozent der weltweit angewendeten Pestizide (und 16 Prozent der Insektizide) – mehr als jede andere große Einzelkultur – sowie große Mengen Wasser und Dünger, wodurch es zu Bodendegradation kommt.[8]
- Fast Fashion fördert durch kurzlebige Trends und billige Kleidung eine Wegwerf-Ökonomie.
- Laut Recherchen von Welt.de wurden allein im Jahr 2019 in Deutschland 230 Millionen unverkaufte Textilien in Verbrennungsanlagen oder als Altkleiderware ins Ausland verfrachtet. Ein Teil der Atacama-Wüste in Chile ist mittlerweile eine gigantische Müllhalde von unverkauften Fast-Fashion-Artikeln.[9]

WAS WÜRDE GROSSMUTTER DAZU SAGEN?

Sie würde ihren Kleiderschrank öffnen und uns ihre 35 Kleidungsstücke zeigen, von denen sie manche schon ein halbes Leben lang besitzt. Denn sie kauft qualitativ hochwertige Mode, die zeitlos klassisch ist. Und wenn etwas kaputtgeht, repariert sie es selbst oder bringt es zum Schneider. Wegwerfen ist immer die allerletzte Alternative. Und aus den alten T-Shirts macht sie Putzlumpen.

Im Prinzip ist die „Capsule Wardrobe" – also eine kleine, gut kombinierbare Garderobe voller Basics – keine neue Erfindung, sondern purer Granny-Pragmatismus. Der nicht nur unseren

Geldbeutel, sondern auch unseren ethischen und ökologischen Bestrebungen entgegenkommt.

Apropos Geldbeutel. Ich höre häufig folgendes Argument: „Heutzutage ist alles so teuer geworden, dass ich mir keine kostspielige Mode leisten kann." Früher hatten die Leute nicht mehr Geld zur Verfügung. Sie legten Geld für Kleidung zur Seite, kauften seltener und dafür hochwertigere Stücke. Die Mode wechselte nicht im Wochentakt. Und wenn Kleidung zu eng oder zu groß oder löchrig wurde, ging man damit zur Schneiderei oder besserte die Mängel selbst aus.

Wie wäre es, wenn wir morgens den Kleiderschrank öffneten und uns an den wenigen, klug ausgewählten Stücken freuten? Wie wäre es, mit weniger zufrieden zu sein? Und das zu schätzen, was wir bereits besitzen?

Faire Ökomode findest du unter anderem hier:

- In deinem Second-Handladen ums Eck.
- Auf Flohmärkten.
- In kleinen Schneiderstübchen.
- Oder du nähst und strickst selbst. Ein einfacher Einstieg ist Kinderkleidung: Die Passform ist großzügiger, der Materialaufwand geringer und kleinere Fehler fallen nicht weiter auf. Als meine Kinder klein waren, nähte ich ihnen häufig einfache Hängerchen aus alten, funky 70er-Jahre Bettbezügen. Fortgeschrittene können sich an Shirts und Blusen aus alter Leinenbettwäsche wagen.

Woran erkenne ich Qualität?

Wir kennen alle das Sprichwort: Wer billig kauft, kauft zweimal. Meine leidvollen Erfahrungen bestätigen diese Aussage. (Ein paar Ausnahmen gibt es immer: Ja, ich habe diesen einen BH eines Fast-Fashion-Unternehmens, der perfekt sitzt, und diese Billigschuhe, die nach drei Jahren immer noch tiptop aussehen. Aber auf diese Ausnahmen kommen zehn andere Billig-BHs, die nach drei Wäschen nicht mehr passen und deren Drahtbügel sich auf Nimmerwiedersehen in den Tiefen meiner Waschmaschine verabschiedet haben. Und auf die haltbaren Schuhe kommen sechs andere Paar Schuhe, die sich nach wenigen Wochen auflösen.)

Bei jedem potenziellen Kauf solltest du dich von deinem Instinkt und deinen Sinnen leiten lassen. Wie riecht das Stück? Wie ist es verarbeitet? Welche Materialien wurden verwendet? Wie fühlt es sich an? Ist es stabil? Macht es einen wertigen Eindruck? Werde ich diese Wendepailetten in zwei Jahren auch noch umwerfend finden?

Mit diesem kritischen Leitfaden wird sich dein Fehlkaufrisiko drastisch reduzieren. Ein niedriger Preis als einziges Entscheidungskriterium kann uns in der Summe mehr kosten, als wenn wir weniger, aber dafür mit Sachverstand und klarem Instinkt auswählen. Ich habe bisher fast jeden Impulskauf bereut (diese Schnäppchen-High Heels, die im Laden so schick aussahen? Sie passten zu keinem meiner Outfits und fielen beim zweiten Tragen auseinander).

Habe ich aber auf ein Möbelstück oder einen Wollmantel gespart und dann sorgfältig ausgewählt, so freue ich mich auch noch Jahre später an dieser Entscheidung.

GRANNY EMPFIEHLT:

Kleidung

Wirf immer einen Blick aufs Etikett. Empfehlenswert sind folgende Materialien:

- Wolle, Wollwalk
- Baumwolle (mercerisierte, gechinzte, ägyptische oder Pima-Baumwolle sowie feine Batistware sind die besten Sorten)
- Seide
- Leinen
- Viskose

Sind Synthetikfasern beigemischt, sollte deren Anteil möglichst gering sein.

Finger weg von 100 Prozent Polyester oder Polyacryl. Niemand möchte Kunststoff direkt auf der Haut tragen. Diese Plastikkleidung fühlt sich unangenehm an, man läuft wie eine elektrisch aufgeladene Batterie durch die Gegend und man schwitzt und müffelt nach kürzester Zeit, da Polyester und Polyacryl die Haut hermetisch abschließen.

Wenn ein Kleidungsstück stark chemisch riecht, sollte man es liegen lassen. Kleidung wird häufig vorbehandelt, damit es sich im Laden weich anfühlt. (Nach der dritten Wäsche kann es dir passieren, dass das supersofte Hemd steif wie ein Brett ist.) Kleidung im Laden sollte immer neutral riechen.

Weitere Tipps

- Halte ein Baumwollshirt gegen das Licht. Gute Qualität erkennt man daran, dass der Stoff nicht zu dünn, also durchsichtig ist.
- Bei Baumwollshirts ohne Elasthan-Anteil unbedingt auf den Fadenlauf achten. Verlaufen die Fäden diagonal, dann werden sich die Seitennähte oft schon nach der ersten Wäsche verziehen. Ein wenig Elasthan gibt Shirts besseren Halt.
- Jeans sollten keine höheren Elasthananteil als 3 Prozent aufweisen, da sie sonst zu schnell aus der Form geraten.
- Keine Shirts mit Aufdrucken und Applikationen kaufen. Diese lösen sich nach einiger Zeit ab und das T-Shirt wandert zwangsläufig in den Müll.
- Viskose-Qualität kann man folgendermaßen überprüfen: Greife in das Stück hinein und drücke es kurz mit der Faust

zusammen. Bleibt der Stoff relativ glatt, handelt es sich um ordentliche Ware.
- Probiere das Teil in Ruhe an. Hebe die Arme, setze dich hin. Das Kleidungsstück sollte alle Bewegungen problemlos mitmachen. Beim Sitztest darf die Hose an der Taille nicht abstehen und der Stoff an den Beinen keine Querfalten bilden.
- An dir ist überhaupt nichts verkehrt, wenn das Teil Falten wirft, sich bauscht, an den unmöglichsten Stellen zwickt. Vielleicht musst du einfach auf eine größere Größe zurückgreifen oder – was sehr viel häufiger der Fall ist – das Teil wurde schlecht geschnitten und verarbeitet.

Achte auf ordentliche Verarbeitung:
- Knöpfe müssen sauber angenäht sein und dürfen nicht schlapp herunterhängen. Ein beigefügter Ersatzknopf ist immer ein Qualitätsmerkmal.
- Die Nähte müssen glatt verlaufen. Sie sollten sauber verarbeitet sein, genauso wie die Säume. Wenn man an der Naht zieht, sollte sie sich nicht verziehen. Hängen an allen Ecken und Enden Fäden herum, dann lass das Stück im Laden.
- Der Reißverschluss muss sich ohne Probleme und Verhaken öffnen und schließen lassen.
- Das Stück muss sich auf der Haut angenehm anfühlen. Gerade Futterstoff wird häufig aus Synthetik hergestellt, was sich unangenehm auf der Haut anfühlt.
- Die Formel „teure Kleidung = gute Qualität" geht nicht immer auf. Deshalb heißt es auch bei kostspieligeren Stücken genau hinzusehen.

Ausmisten

Ich halte rosa Pumps mit lächerlich schmalen und hohen Absätzen in der Hand. Sie sind hoffnungslos aus der Mode. Vor 15 Jahren trug ich sie an meinen Füßen während unserer standesamtlichen Trauung. Und seitdem habe ich sie nie mehr angezogen. Die Kratzer am Absatz stammen von dem Kopfsteinpflaster vor dem Bamberger Rathaus, als Freunde Luftballons in den Himmel steigen ließen und ich fünf Minuten zuvor zum ersten Mal in meinem Leben hinter meinen Vornamen den Nachnamen meines Mannes setzte.

Die Pumps stehen in meinem Kleiderschrank neben zwei weiteren Paar High Heels, die ich viel zu selten trage. Fast wären die rosa Treter in der Altkleidersammlung gelandet, vor fünf Jahren, als ich „Magic Cleaning" von Marie Kondo las – der gehypte Aufräumratgeber des neuen Jahrtausends. Der weltweite Bestseller vermarktet geschickt die Sehnsucht nach Weniger. Nach lichtdurchfluteten Wohnungen, eingerichtet mit schnörkellosen Mid-Century-Stücken aus Pinienholz, skandinavischem Understatement und einer einsamen, keramikummantelten Topfpflanze in der Ecke. Papierkram, Werbekugelschreiber, halbfertige Bastelarbeiten oder zerlesene Bücherstapel haben in diesem Szenario keinen Platz.

Irgendwo zwischen meinem 38. und 42. Lebensjahr war ich der Appelle, mein Leben zu verbessern, müde geworden.

Ich erhoffte mir Erleuchtung seitens der Lektüre. Aber sie blieb aus. Irgendwo zwischen meinem 38. und 42. Lebensjahr war ich der Appelle, mein Leben zu verbessern, müde geworden.

Ich stimme den Grundaspekten des Minimalismus von ganzem Herzen zu, aber Marie Kondos Aufräumgesetze in einem Alltag mit Kindern war praktisch kaum anwendbar. Laut ihrer Methode mistet man über einen Zeitraum von 6 Monaten nach Kategorien aus. Man nimmt jeden Gegenstand in die Hand und fragt sich: Bringt mir dies Freude? Wenn die Antwort *Nein* lautet: weg damit. Jeder Gegenstand bekommt seinen festen Platz. Kleidungsstücke werden nach der KonMari-Methode gefaltet.

Alles, was man irgendwann noch mal brauchen könnte, wird ebenfalls ausgemustert. So weit der grobe Fahrplan. Wenn du dich an all diese Punkte hältst, musst du nie mehr ausmisten, so das Versprechen des Buches. Ich legte das Buch verärgert zur Seite und mistete es nach einigen Tagen aus.

Die Journalistin Barbara Höfler nennt in einem NZZ-Artikel den Marie-Kondo-Aufräum-Hype „die größte private Umweltverschmutzung seit Einführung der Supermarkt-Tüte."[10] In den entrümpelten Haushalten werden laut Höfler im Endeffekt nur Platz für Neuware geschaffen. Und Magic Cleaning ist auch keine nachhaltige Anleitung zum Konsumverzicht, sondern zum Wegwerfen. Das richtige Falten von T-Shirts sollte uns nicht darüber hinwegtäuschen, dass nicht die fehlende Ordnung in unseren Haushalten, sondern unser ressourcenschädigendes Konsumverhalten das Problem ist. Einige der Tipps des milliardenschweren Marie-Kondo-Unternehmens, das in seinem Webshop Dinge wie gefilzte Ananas-Buchstützen und Ordnungsboxen verkauft, entzaubern sich bei näherer Betrachtung als purer Granny-Pragmatismus.

Vor 100 Jahren besaß ein Haushalt im Durchschnitt 180 Gegenstände. Heute kommt ein mitteleuropäischer Hausstand auf mehr als 10.000 Dinge. 10.000! Das bedeutet, dass wir jeden einzelnen Gegenstand irgendwann aus einem Ladenregal genommen, zur Kasse getragen und dort bezahlt haben.

10.000 Dinge, von denen viele unser Leben verstopfen. Unser Ziel sollte Maßhalten sein. Nicht ziellose Neuanschaffungen.

Und ja: Wir haben nutzlose Besitztümer, die uns Freude machen, weil sie Geschichten erzählen. So wie meine rosa Pumps. Ich behalte sie, auch wenn sie Staub sammeln. Man sollte sich unbedingt ein kleines Eck einrichten, das gezielt Erinnerungen gewidmet ist. In meinem Arbeitszimmer hängt ein kleines Regalbrett, auf dem ich alles ausstelle, was mir lieb und teuer ist: zwei sehr geliebte Bücher aus meiner Kindheit, eine kleine Holzfigur, eine Blechdose mit Schätzen, eine Muschel usw.

Wir haben aber auch Besitztümer, die uns gar keine Freude machen. Die wir aber trotzdem behalten, weil wir sie brauchen. Wie z. B. meine Sammlung von verschiedenen Schraubgläsern (für Marmeladen, Eingewecktes und Kleinteile), Schlafsäcke und die Kappsäge meines Mannes.

Selbst wenn wir bescheiden mit dem Notwendigsten leben, werden wir immer wieder an den Punkt kommen, ausmisten zu müssen. Das ist keine Hauruck-Aktion, sondern eine ständige Anpassung an verschiedene Lebensphasen. Was wir vor fünf Jahren täglich nutzten, steht heute nutzlos in der Ecke. Wie zum Beispiel der alte Kinderwagen. Oder Duplosteine. Oder Autokindersitze. Und das, was meine Kinder heute brauchen, werde ich ebenfalls in einigen Jahren wieder aussortieren: Schulrucksäcke, Turnbeutel und Trinkflaschen. Ich bin auf diesem Gebiet selbst Stolpernde und Lernende.

Als Selbstcheck stelle ich mir von Zeit zu Zeit folgende Frage: Was würde ich tun, wenn ich nächste Woche in eine kleinere Wohnung umziehen müsste?

a) Einen Müllcontainer bestellen.
b) Die 254 Kisten mit undefinierbarem Zeugs anzünden.
c) Kein Problem. Meine Besitztümer inklusive Schraubgläser, Schlafsäcke und Kappsäge würden sogar in ein Tiny House passen.

Wenn du Antwort a oder b angekreuzt hast, dann lege ich dir eine Ausmistaktion ans Herz. Du wirst dich danach sehr, sehr viel besser fühlen. Versprochen.

AUSMISTEN A LA GRANNY:

- Das hat erst mal nichts direkt mit Ausmisten zu tun, erspart dir aber in Zukunft viele unnötige Entrümpelungsaktionen: Folge keinen spontanen Kaufimpulsen!
- Nimm dir immer nur einen Teilbereich deines Hauses vor: Küche, Schubläden, Garderobe, Garage, Bücherregale usw. Schreibe dir einen Plan, wann du welchen Bereich in Angriff nehmen wirst.
- Stell dir drei große Kisten bereit und markiere sie wie folgt: Müll, Verkaufen, Spenden.
- Stelle deinen Timer oder Wecker. Je nach Bereich kann das eine Viertelstunde oder eine Stunde sein. Es hilft dir, zügig und ohne Ablenkungen zu arbeiten. Du wirst in 99 Prozent der Fälle so in Schwung geraten, dass du das Klingeln des Timers ignorieren und weitermachen wirst.
- Wenn du einen Gegenstand in die Hand nimmst, dann entscheide rasch anhand folgender Kriterien:
  - Hat er für mich/meine Familie einen materiellen oder emotionalen Wert?
  - Habe ich ihn im letzten Jahr genutzt?
  - Werde ich ihn in absehbarer Zeit brauchen?
  - Hätte jemand anderer Freude daran?
  - Lässt sich der Gegenstand gut verkaufen?
  - Werde ich traurig sein, wenn ich ihn nicht mehr habe?
- Jetzt ist nicht die Zeit zum Aufräumen oder Saubermachen. Spar dir diese Aktionen für einen anderen Tag auf. Es geht nur ums Entrümpeln.
- Leere die Müllbox in die entsprechenden Recyclingtonnen. Parke die Verkaufsbox an einem Ort mit anderen Dingen, die du zu einem späteren Zeitpunkt verkaufen möchtest. Schreibe dir einen Termin in deinen Kalender, an dem du einen Flohmarkt oder eine eBay-Verkaufsaktion durchführen wirst. Die Spenden-Kiste lädst du ohne Umwege in dein Auto, sodass du sie bei nächster Gelegenheit direkt abliefern kannst.
- Freu dich an diesem exquisiten Gefühl der Erleichterung, das dich nach einer Ausmistaktion überkommen wird!

Nachhaltiger Konsum

Herzlichen Glückwunsch zum erfolgreichen Ausmisten! Wir wollen aber jetzt nicht gleich wieder den leer gewordenen Raum neu füllen.

Mit jeder Ausmistaktion wird sich etwas in unserem Denken verschieben. Unsere Beziehung zu unserem Besitz, unserem Konsumverhalten wird kritischer. Aus fremden Quellen werden wir jedoch weiterhin konsumieren müssen – es sei denn, du ziehst in den Wald ohne Strom und fließend Wasser und ernährst dich nur noch von der Milch deiner Ziege und dem Gemüse aus deinem Garten. Auch dann herzlichen Glückwunsch! Aber wir können von fremden Quellen ein Stück unabhängiger werden, wenn wir die acht Stufen des nachhaltigen Konsums verinnerlichen:

1. **Nutze, was du hast:** Du besitzt bereits alles, was du zum Leben brauchst. Gehe sorgsam mit den Dingen um. Werde kreativ und genügsam.
2. **Brauche ich das wirklich?** Diese Frage hat mich schon oft vor überflüssigen Einkäufen bewahrt. Stell dir die Frage im Laden, kurz bevor du zur Kasse gehst. Und wenn du online einkaufst, dann lass deinen Warenkorb einen Tag lang unberührt. Wenn es sich nur um einen kurzfristigen Kaufimpuls handelt, wirst du den Korb wieder löschen.
3. **Repariere, was kaputt ist:** Bevor du einen defekten Artikel entsorgst, überlege gut, ob dieser reparierbar ist (und sich der Aufwand im Verhältnis zu den Kosten lohnt). Du musst das nicht selbst können, aber vielleicht hast du jemanden im Freundeskreis, der eine Waschmaschine oder einen kaputten Reißverschluss reparieren kann.
4. **Mach es selbst:** Natürlich haben wir nicht die Ressourcen, die Zeit und das Wissen alles selbst zu machen. Aber manches geht eben doch und erfüllt uns mit unbändigem Stolz, wenn wir unser erstes Paar Socken gestrickt, die Marmelade eingekocht oder das Vogelhaus aus Holzresten gebaut haben.
5. **Leihe aus:** Bücher, Rasenmäher, Anhänger, Campingausrüstung, Werkzeug usw. sind Artikel, die wenig aktive Nutzung erfahren. Büchereien, Baumärkte, gut funktionierende

Nachbarschaften und verschiedene Leihservices sind erste Anlaufstellen, bevor man neu kauft.
6. Tausche: Online gibt es mehrere Möglichkeiten wie z. B. bei Tauschticket oder auch bei eBay-Kleinanzeigen.
7. Kaufe gebraucht: Flohmärkte, Kleinanzeigen im Internet oder in der Zeitung sind eine wahre Fundgrube. Sieh zuerst dort nach, bevor du etwas Neues kaufst. Es lohnt sich auch immer, die „Zu-verschenken-Rubrik" zu durchforsten.
8. Kaufe neu: Wer Schritte 1 bis 7 häufig praktiziert, wird eine Neuanschaffung wertschätzen und pfleglich behandeln.

Grannys Tipps:

- *Mache eine Kaufdiät: Kaufe eine Weile nur das, was du wirklich zum Leben brauchst. So lernst du zwischen echten Bedürfnissen und Wünschen zu unterscheiden.*
- *Bezahle wenn möglich mit Bargeld.*
- *Wirf alle Werbeprospekte und -kataloge ungesehen in die Recyclingtonne. (Oder besser: Bestelle sie ab.)*
- *Deinstalliere alle Apps, die dich unnötig zum Konsum verleiten.*
- *Sei großzügig mit Gütern, Zeit und Hilfe.*
- *Widerstehe der Versuchung, während großer Rabattschlachten zuzuschlagen. Auch hier: Bewahre einen kühlen Kopf. Kaufe nur, was du wirklich brauchst.*

Nutze, was du hast

Januar 2021. Wir erinnern uns vage an den zweiten Corona-Lockdown, der uns in die eigenen vier Wände verbannte. Versuchten wir nicht alle, das Beste daraus zu machen? Endlich hatte ich Zeit für eine intensive Hausinventur. Meine düstere Ahnung bestätigte sich: Wir hatten genug. Mehr als genug. Ich wollte etwas ändern. Und ich setzte an meinem Shoppingverhalten an.

Ich las einiges über Praktiken großer Online-Shoppingportale (Ausbeutung von Arbeitern, Vernichtung von Retouren,

CO_2-Emissionen). Das löste einen Entschluss aus: Ich würde ab Februar 2021 so gut wie nichts mehr online kaufen, sondern mein Geld in örtliche Geschäfte tragen und das nutzen, was ich bereits im Hause hatte.

Meine große Shoppingschwäche ist weder Mode noch Backzubehör oder Kosmetik. Nein, es sind Bücher. Ich habe einen großen Leitsatz in meinem Leben: Man kann nie genug Bücher haben. Mein Regalplatz war knapp geworden, die Bücherstapel vermehrten sich unkontrolliert auf Kleiderschränken und Beistelltischen und Fensterbrettern.

Ich wanderte an meinen vollgestopften Bücherregalen entlang, fuhr mit dem Finger über die Rücken von Werken, die mich geformt, herausgefordert, beglückt haben. Biografien, Romane, Gedichte, Bildbände, Sachbücher. Ich blieb an dem Buch „Die Farm in den grünen Bergen" hängen. Ein Buch von Alice Herdan-Zuckmayer. Im Campervan inmitten von neuenglischen Herbstwäldern hatte ich dieses Buch vor 13 Jahren gelesen. Die Autorin wurde in den 30-er Jahren gemeinsam mit ihrem Mann Carl Zuckmayer aus Deutschland ausgewiesen. Während der Kriegsjahre betrieben sie eine Farm in Vermont. Ich erinnerte mich daran, wie glücklich mich dieses Buch gemacht hatte. Welche Sehnsüchte es nach einem einfacheren Leben geweckt hatte. Warum nicht ein zweites Mal eintauchen in die Erlebnisse von Carl und Alice im harten Vermonter Winter? Es war wie ein beflügelndes Wiedersehen mit alten Freunden.

Entdecke, wie viel Spaß es macht, Vorhandenes zu nutzen!

In jenem Lockdown las ich viele meiner Bücher zum zweiten Mal. Es war befreiend, nicht wie von einem Zwang getrieben neu, neu, neu kaufen zu müssen. Sondern aus dem zu schöpfen, was vorhanden war. Zu vertiefen, was ich fast schon vergessen hatte.

Unsere Häuser und Wohnungen sind voller Dinge, die nur darauf warten, dass wir sie ausgraben, uns an ihnen erfreuen. Altes zu neuem Leben erwecken. Wenn du entdeckst, wie viel Spaß es macht, Vorhandenes zu nutzen, wirst du immer weniger Neues brauchen. Sondern immer erst in deinen eigenen vier Wänden nach Möglichkeiten suchen.

Hier einige Anregungen:

- Koche eine Woche lang nur aus Vorräten und Resten.
- Wähle Bastelaktionen für Kinder aus, für die du Materialen bereits im Haus hast.
- Nähe aus Stoffresten eine Patchworkdecke, Servietten, kleine Kuscheltiere, Federmäppchen usw.
- Bastele aus alten Kalenderblättern Briefkuverts.
- Kaufe einen Monat lang nichts (außer den absolut notwendigen Dingen) und brauche auf, was du im Haus hast.
- Macht einen Spieleabend mit Spielen, die Staub angesetzt haben.
- Schneidere aus alter Kleidung etwas Neues.
- Schreibe deinen eigenen Rezepteordner.
- Funktioniere Tetrapaks zu Vogelfutterstationen um.
- Fülle Shampooflaschen oder Cremedosen mit selbst hergestellter Kosmetik.
- Klebe endlich mal die Fotos in ein Album.
- Stelle Geschenketüten aus Zeitungen her.
- Bastelt gemeinsam eine Collage aus Zeitschriften, Katalogen und hübschen Papierresten.
- Lest euch gegenseitig eure Lieblingsgedichte oder Geschichten vor.
- Krame die alten DVDs raus und veranstalte einen Filmabend.
- Stelle aus alten Marmeladengläsern Windlichter her.
- Dekoriere mit Materialien aus der Natur/mit Vintagebüchern/mit Familienerbstücken/mit Pflanzen aus Ablegern.
- Stelle aus Bienenwachs- und Stoffresten Bienenwachstücher her.

Haushaltsroutine

Das Grundgerüst eines Homemakers ist die Haushaltsroutine. Ob du wenig oder viel Zeit in deinen vier Wänden verbringst: Erstelle dir eine Routine. So musst du nicht jeden Tag neu überlegen, was zu erledigen ist. Wir tragen schon genug mentalen Ballast mit uns rum. Der Haushalt sollte nicht noch mehr Speicherplatz im Gehirn einnehmen.

Lege auf jeden Tag der Woche einen Schwerpunkt. Jeden Tag ein bisschen ist besser, als am Wochenende einen ganzen Berg erledigen zu müssen. Montags sauge ich z. B. alle Böden und habe meinen Wäschewaschtag. (Ich wasche einmal die Woche die komplette Wäsche. Das ist mir lieber, als jeden Tag eine Ladung zu waschen.) Dienstags lege ich die Wäsche zusammen und putze das Bad und die Toiletten. Mittwochs ist meist noch Bügelwäsche übrig. Donnerstags putze ich die Böden und sauge die Polstermöbel ab. Und alle zwei Wochen wische ich freitags Staub. An einem flexiblen Tag der Woche erledige ich den Einkauf (meist verbinde ich das mit einer Taxifahrt der Kinder). Die Gartenarbeit quetsche ich in die freien Lücken. Oder ich betreibe sie abends zur Entspannung.

Wenn du ohne Kinder berufstätig bist, wird deine Wochenroutine natürlich ganz anders aussehen als die von jungen Eltern. Vielleicht hast du einen Partner, mit dem du dir die Aufgaben aufteilst. (Mein Mann hat eine Anstellung, die ihn sehr fordert. Deshalb bin momentan hauptsächlich ich für den Haushalt zuständig.)

Du brauchst also eine Routine, die zu dir und deinem Leben passt. Die dich entlastet und trotzdem so flexibel ist, dass du sie jederzeit anpassen kannst. Wenn du ältere Kinder hast, dann binde sie in die Hausarbeit mit ein. So lernen sie, Verantwortung für den Haushalt mit zu übernehmen. Manchmal höre ich Mütter sagen: *„Nein, meine Kinder müssen überhaupt nicht mithelfen. Ich mach das lieber alles allein."* Es kann zunächst eine zusätzliche Belastung sein, Kinder in die Arbeit einzubinden, da man sie motivieren und kontrollieren muss. Aber der Mehrwert ist später unbezahlbar, wenn sie beim Auszug wissen, wie man die Spülmaschine einräumt, ein Essen kocht und eine Ladung Buntwäsche wäscht, trocknet und faltet.

Ich habe seit zehn Jahren den immer gleichen Wochenablauf. Es ist und bleibt ein Jonglage-Akt, denn um meine Schreibarbeit herum bastele ich Wäsche, Putzen und Kochen. Meistens mit der Folge, dass das Schreiben zu kurz kommt. Denn aus einer seltsamen Laune der Natur heraus fühlen sich meine Gedanken erst dann geordnet, wenn mein Haus und dessen mannigfaltiger Inhalt aufgeräumt sind. Anstatt nach Metaphern zu suchen, putze ich Fenster.

Meine Routine hat einige Zeit lang wirklich Sinn ergeben. Aber nun bin ich aus ihr herausgewachsen, weil sich das Leben weiterentwickelte. Und da wundere ich mich, dass mein Alltag aus allen Nähten platzt!

Ich probiere neue Wege aus und habe meine Wochenroutine geändert. Beängstigend! Schaffe ich mein Haushaltsprogramm auch am Nachmittag oder Abend, wenn die Kinder daheim sind? Inwieweit kann ich die Kinder einbinden? Wo kann ich Arbeiten straffen und delegieren?

Als meine Kinder noch kleiner waren und ich mich in diesem neuen Leben als Mutter und Hausfrau erst zurechtfinden musste, waren mir Tages-, Wochen- und Monatspläne eine enorme Hilfe. Mit ihrer Hilfe konnte ich sichergehen, dass mir Wichtiges nicht durch die Finger glitt.

Es gibt unzählige Methoden zur Selbstorganisation. Die, die ich für mich entwickelt habe, kann dir eine Hilfe sein. Oder auch nicht. Denn jeder ist und tickt anders. Nur weil es für mich funktioniert, muss es für dich nicht ebenfalls funktionieren. Fühl dich frei und suche so lange nach einer Methode, bis du eine gefunden hast, die zu dir und deiner Lebenssituation passt.

Hier meine Wochenplan-Methode
Zur Erstellung brauchst du:

- **Haftnotizen oder Karteikarten DIN A8 (nach Geschmack in verschiedenen Farben, um die Aufgabenbereiche voneinander zu unterscheiden)**
- **Ein Blatt Papier DIN A3**

Nun erstelle für jeden Tag der Woche eine Spalte und schreibe sich wiederholende Termine hinein, wie z. B. deine Yogastunde oder der Klavierunterricht deiner Tochter. Schreibe auf je eine Karteikarte/eine Haftnotiz eine Aufgabe, die wöchentlich erledigt werden muss. Und je nach Familienkonstellation auch denjenigen, der für diese Aufgabe verantwortlich ist. Nun schiebe die Karteikarten so lange hin und her, bis es für dich/euch Sinn macht. Schreibe den Plan ins Reine und hänge ihn an einem sichtbaren Ort auf, bis sich die neuen Routinen gefestigt haben.

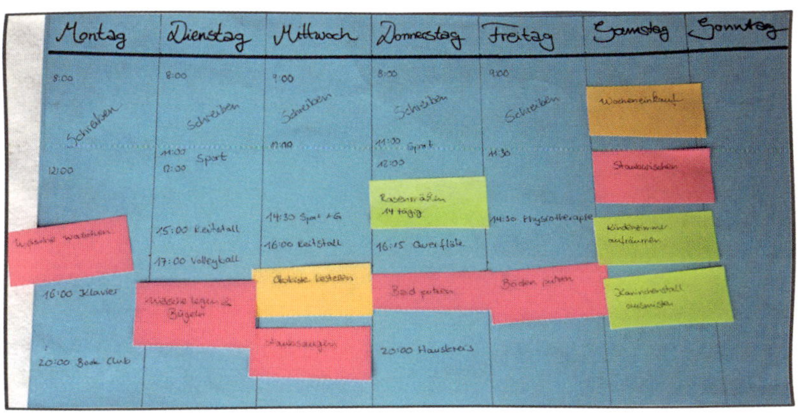

Dein Haushaltsordner

Der Vormittag eilt dahin und beim zweiten Blick auf die Uhr fällt mir siedend heiß ein, dass ich keine Ahnung habe, was ich kochen soll! Da rumpelt das Müllauto durch die Siedlung, ich höre seinen mahlenden Schlund und ... ich habe vergessen, die Mülltonne rauszustellen! Während ich das Notessen (Pfannkuchen) auf dem Herd brutzeln habe, wühle ich im Zettelberg neben dem Kühlschrank. Ich muss noch schnell den Kieferorthopäden anrufen, einen Termin bestätigen. Da fällt mir ein anderes Dokument in die Hände. Eine überfällige Rechnung, die ich bereits vor einem Monat hätte begleichen müssen.

Das bin ich im unorganisierten Zustand, der mich Nerven, wertvolle Lebenszeit und Geld kostet. Meine Rettung ist mein Haushalts-Ordner, den ich vor einiger Zeit anlegte, um diesem Zustand endlich ein Ende zu setzen. Er steht immer griffbereit, enthält alle wichtigen Informationen und er hilft mir, den Überblick zu behalten.

Da jeder Haushalt den eigenen Anforderungen entsprechen muss, kann solch ein Ordner ganz flexibel gestaltet werden.

Mein Haushalts-Ordner ist in folgende Kategorien eingeteilt:

Kochplan

- der Plan für die kommende Woche
- eine Liste mit erprobten Rezepten, auf die ich schnell zurückgreifen kann
- eine Liste mit Rezepten, die ich ausprobieren möchte
- aktuelle Lebensmittelprospekte für den Schnäppcheneinkauf

Schule und außerschulische Aktivitäten

- Telefonlisten
- Stundenpläne
- Vorlage für Entschuldigungen
- Infozettel

Finanzen
- Ausgaben
- Budget
- offene Rechnungen

Monatspläne
- Plan mit monatlich wiederkehrenden Aufgaben

Gesundheit
- Ärzteliste mit Telefonnummern
- Übersicht über regelmäßige Termine

Passwörter
- Diese Liste hat mich schon mehr als einmal gerettet!

Einladungen
- Ich hefte hier eine Prospekthülle ab, um Einladungen zu hinterlegen.

Geburtstags- und Weihnachtsgeschenke
- Liste mit Geschenkideen, auf der ich das ganze Jahr über Anregungen und Wünsche sammele.

Müllkalender

Gutscheine/Flyer
- Auch hier habe ich eine Prospekthülle abgeheftet, in der ich Gutscheine und relevante Flyer aufhebe.

Reisen/Urlaub
- Bestätigungen von Flug-/Hotelbuchungen
- Wichtige Infos

Stricken
- Strickmuster

Weitere mögliche Kategorien:
Fahrzeuge, Putzpläne, Fitness, persönliche Ziele, Garantiescheine und wichtige Quittungen, Gebrauchsanweisungen, Garten. (Für meinen Garten führe ich ein extra Notizheft, in dem ich jedes Jahr meine Pflanzpläne aufzeichne und dabei immer zurückgreifen kann auf die Erfahrungen der Vorjahre.)

Wenn du erst mal eine Übersicht über deine persönlichen Kategorien gewonnen hast, ist der Rest ein Spaziergang. Du wirst sehen, dass du mit dem Ordner Kontrolle über deinen Haushalt zurückgewinnen wirst. Und das macht richtig Freude!

Putzen

Ich kenne kaum jemanden, der gerne putzt. Außer Monica aus der Serie „Friends“ (Friends-Fans wissen, wovon ich spreche).

Egal, wie man sich die Hausarbeit einteilt, am Ende ereilt uns alle das gleiche Schicksal: Der saubere Boden wird wieder staubig und die Wäsche dreckig. Durch die geputzten Fenster scheint die Wintersonne und man könnte meinen, man habe keine Fenster, sondern nur eine sehr verdreckte, staubige Wand, verziert mit Fingerabdruck-Graffiti.

Ein Haus hat die nervige Angewohnheit, all unsere Bemühungen mit beständiger Gegenwehr zunichte zu machen. Was hatte ich mich immer abgerackert, um fertig zu werden! Am Abend wollte ich alles erledigt haben, um für den Rest der Woche oder meines Lebens keinen Putzeimer mehr anrühren zu müssen. Wie Sisyphus fühlte ich mich, der der Sage nach den Felsbrocken wieder und wieder den Berg hinaufrollte, um ihm kurz vor Erreichen des Berggipfels zu entgleiten und wieder ins Tal zu rollen.

Diese drei Dinge haben mir geholfen, meinen Blick auf die Hausarbeit zu ändern:

1. Ich muss mit der Hausarbeit nicht fertig werden

Ich las auf dem Blog einer australischen Homemakerin einen Satz, der mir die Augen öffnete und eine Last von meinen Schultern nahm: *„Wenn Hausarbeit niemals endet, dann muss ich damit auch nicht fertig werden.“*

Mit diesem Satz im Hinterkopf jagte ich nicht mehr durch den Tag mit dem Ziel, am Abend alles geschafft haben zu müssen. Nein: Zunächst teilte ich meine Aufgaben so ein, dass meine Tage nicht bis in den letzten Winkel mit Arbeit vollgestopft waren. Und dann arbeitete ich langsam und stetig vor mich hin. Wenn zum Abend nicht alles erledigt war, zuckte ich mit den Schultern und wusste: Morgen kann ich an diesem Punkt weitermachen. Oder auch nicht. Ich putze am Donnerstag meine Böden und wenn eine Freundin spontan zum Kaffeetrinken klingelt, dann lasse ich mich davon nicht mehr stressen, sondern stelle die Putzsachen zur Seite, mache die Tür auf und beschließe, den Rest am Abend oder am nächsten Morgen zu erledigen. Dienstags wasche ich Wäsche und wenn ich nicht alles wie geplant schaffe, geht die Welt nicht unter. Es wird einen Mittwoch geben, an dem ich den Rest erledige. Die Hausarbeit wird so zu einem leisen, tragenden Strom und nicht zu einem tobenden Wasserfall. Unser Ziel sollte es nicht sein, die Hausarbeit „zu schaffen", sondern in ihr einen Rhythmus zu gestalten, der uns nicht versklavt, sondern mit dem wir gut leben können.

2. Charakterschule

Die sich wiederholenden, uns lästigen Arbeiten sind mir eine gute Charakterschule geworden und ein Zeichen der Liebe für meine Umgebung. Ich bin überzeugt, wenn ich allem – eben auch meinem Besitz – mit Fürsorge und Liebe begegne, dann lieben mich meine vier Wände zurück. Achtsam verrichtete Hausarbeit hält mich auf dem Boden, verbindet mich mit meinem Leben, fordert meine Treue ein, verhindert die Ansammlung von Überflüssigem. Im Zen-Buddhismus sagt man, dass Ordnung im Haus auch für Ordnung im eigenen Herzen und Leben sorgt.

3. Selbstfürsorge

Meine erste Tat am Morgen: Ich lüfte das Schlafzimmer, schüttele Kissen und Decke aus und mache mein Bett. Was ich früher als komplett überflüssig empfand, betrachte ich heute als einen Akt der liebevollen Selbstfürsorge. Abends schlüpfe ich in ein gelüftetes, gemachtes Bett und in dem Moment danke ich meinem Morgen-Ich, das trotz Müdigkeit diese wenigen Handgriffe erledigt hat.

Und genau die gleiche Haltung mache ich mir beim Kloputzen und Wäschewaschen, beim Bodenwischen und Ordnen zur Gewohnheit. In einer geordneten, sauberen Umgebung atmet meine Seele auf und verschafft mir ein Wohlgefühl. Wie bei Punkt 1 bereits beschrieben, übertreibe ich es nicht. Du wirst in meinem Haus immer ein Zimmer, einen Bereich finden, der überquillt und an dem Staubfussel hängen. Von Keller und Dachboden ganz zu schweigen. Aber in den Räumen, in denen wir uns sehr häufig aufhalten, herrschen Ordnung und Sauberkeit. Das bedeutet z. B. auch, dass die Kinder abends ihre Dinge aus dem Wohnbereich wegräumen müssen. Oder dass ich abends trotz Müdigkeit die letzten Handgriffe in der Küche vornehme, um am Morgen an einer leer geräumten, sauberen Arbeitsfläche den Tag beginnen zu können.

Putzmittel

Einst besaß ich eine heimliche Leidenschaft: Die Putzmittel einkaufen. Da standen sie im Drogeriemarkt: die grellbunten Flaschen, die einem nicht nur Sauberkeit – nein! – sondern porentiefe Reinheit versprachen. Sie waren mein Stolz, die Helfer, die ich zu Hause in meinem Putzregal fein säuberlich aufreihte: ein Mittel gegen Schimmel und Abflussverstopfung, eines gegen Fettflecken und eines für Oberflächen, eines für ein porentief reines Klo und eines für die Vorbehandlung von Flecken. Dazu noch einige Raumbedufter und Textilschaum und Fenster- und Ofenreiniger. Sie lockten mich mit den Worten „Power" und „Bäng" und „Ultra".

Mein Putzschrank war eine Giftkammer und völlig unbekümmert versprühte, wischte, scheuerte ich das Gift in Polstermöbel, in den Backofen, auf Fliesen und Fenster. Die Werbeindustrie versteht sich darauf, gerade Frauen ein schlechtes Gewissen zu machen, wenn nicht alles im Hause keimfrei glänzt. Sie macht uns für jede Art von Verschmutzung ein Mittelchen schmackhaft, welches bei näherer Betrachtung überflüssig ist.

Dann kamen meine Kinder. Und mit ihnen mein Entschluss, sie in einer gesunden Umgebung großwerden zu lassen. Ich beschäftigte mich mit den Inhaltsstoffen meiner geliebten Reiniger. Und mir wurde ein wenig übel. Mittlerweile gehört es schon fast zum Allgemeinwissen, dass man sehr, sehr viel weniger herkömmliche Putzmittel benötigt, als man meint. Und dass Zitronensäure, Natron, Essig und Schmierseife den Job ebenso gut erledigen wie Bäng, Power und Ultra.

Ich habe viel Zeit in das Erproben von selbst hergestellten Putzmitteln gesteckt. Zugegeben: Manche davon kosten ein wenig Zeit. Wenn du diese nicht hast, dann mach Folgendes: Kauf einen großen Eimer Schmierseife. Damit kannst du fast alles putzen: Böden, fettige Oberflächen, Bad, Klo, Spiegel. Ich verwende sie sogar zum Geschirrspülen.

Grannys Tipp:
Putzlappen brauchst du nie mehr zu kaufen. Schneide ausgediente Handtücher, Unterhemden und T-Shirts in handliche Quadrate. Achte darauf, dass sie aus 100 Prozent Baumwolle bestehen. Aus meiner Erfahrung putzt es sich mit Frotteelappen besonders gut. Und feinere Baumwoll-Lappen sind besonders gut geeignet zum Nachpolieren, z.B. beim Fensterputzen. Schmutzige Lappen gebe ich zur 60-Grad-Wäsche und nutze sie so lange, bis sie auseinanderfallen.

DIY Reinigungsmittel

ORANGENREINIGER

Das Öl aus den Zitrusschalen hat eine fettlösende Wirkung und duftet ganz wunderbar. Mit dem Reiniger kann man Waschbecken, fettige Oberflächen und Toiletten putzen. Ich setze den Reiniger im Winter an, wenn Zitrusfrüchte Hochkonjunktur haben und viele Schalen anfallen. Verwende alle Arten von Zitrusfrüchten, die du gerade zur Hand hast: Zitronen, Grapefruit, Mandarinen, Orangen etc.

Du brauchst:

- 3-4 Zitrusfrüchte (davon die Schale ohne Fruchtfleisch)
- 400 ml Wasser
- 100 ml Apfelessig oder Essigessenz
- 1 großes, verschließbares Glas

Die Schalen, das Wasser und den Essig in das Glas füllen. Die Schalen sollten nicht an die Luft kommen (sie schimmeln sonst), also bei Bedarf einfach mit einem passenden Stein beschweren. Das Glas verschließen und die Flüssigkeit zwei Wochen lang ziehen lassen. Anschließend abseihen und den fertigen Reiniger in eine Sprühflasche füllen.

SCHEUERPULVER

Du brauchst:

- Schalen von 3-4 Eiern
- 50 g Natron
- 1 Glas mit Blechdeckel

Säubere die Eierschalen gut und trockne sie. Entweder in der Nachwärme des Backofens, in der Sonne oder im Winter auf der Heizung. Anschließend im Mörser oder Zerkleinerer zu Pulver vermahlen. Das Natron mit den Eierschalen vermengen, in ein Glas füllen. Stanze ein paar Löcher in den Blechdeckel deines Glases.

Hartnäckige Stellen sprühe ich zunächst mit einem Essigreiniger ein und lasse es kurz einwirken. Dann streue ich das Pulver darauf und schrubbe den Schmutz weg. Mit klarem Wasser nachspülen.

BODENREINIGER

Alles, was du brauchst, sind Schmierseife, Wasser und je nach Belieben ein paar Tropfen ätherisches Öl (ich liebe Orange!). Für dunkle Holzböden kannst du dem Putzwasser starken, schwarzen Tee zugeben. Das erhält die Farbe des Holzes.

Für Holzböden:

- 10 l warmes Wasser (davon 1 l schwarzer Tee bei dunklen Holzböden)
- 1 EL Schmierseife
- ein paar Tropfen ätherisches Öl
- 1 EL Leinöl (zur Pflege)

Für Laminat, Linoleum, Fliesen, Zement, Naturstein:

- 10 l warmes Wasser
- 1 EL Schmierseife
- ein paar Tropfen ätherisches Öl

Grannys Tipp:
Seifenlauge ist für fast alle Oberflächen im Haus geeignet. Dazu einfach eine gewünschte Menge Schmierseife mit heißem Wasser mischen. Schmierseife ist ein Alleskönner und sollte in keinem Haushalt fehlen. Am besten kaufst du sie im großen Eimer mit Spender. – Mit einer Schmierseifenlösung kannst du auch Blattläusen zu Leibe rücken. Einfach 1 EL Seife auf einen halben Liter Wasser geben und damit die befallenen Pflanzen einsprühen. Nach einigen Tagen wiederholen.

MÖBELPOLITUR

Helles Holz:

- 20 g Bienenwachs
- 100 ml Oliven-, Raps- oder Sonnenblumenöl

Beide Zutaten im Wasserbad langsam erwärmen, bis sich das Wachs aufgelöst hat. In ein kleines Schraubglas füllen und nach Bedarf mit einem weichen Tuch dünn auf das Holz auftragen. Nachpolieren nicht vergessen!

Dunkles Holz:
- 20 g Bienenwachs
- 100 ml Leinöl

Herstellung und Anwendung siehe links.

SAUERSTOFFBLEICHE

Sauerstoffbleiche ist biologisch zu 100 Prozent abbaubar und zerfällt bei ihrer Anwendung in Wasser, Sauerstoff und Soda. Sie dient im Haushalt zum Bleichen und Desinfizieren. Sauerstoffbleiche ist ein kleines Kraftwerk, das ich nicht mehr missen möchte. Sie wirkt keimtötend und beseitigt Verunreinigungen und Gerüche.

Anwendungsgebiete:
- **Zahnbürsten, Zahnspange, dritte Zähne:** Einen Zahnputzbecher mit einem TL Sauerstoffbleiche und warmem Wasser füllen. Zahnbürste etc. kopfüber hineinstellen und über Nacht einwirken lassen. Am nächsten Morgen gründlich ausspülen.
- **Wischmopp:** Fülle nach Gebrauch den Putzeimer mit warmem Wasser, füge 1 EL Sauerstoffbleiche hinzu und stelle den Mopp hinein. Über Nacht einwirken lassen und am nächsten Tag ausspülen und trocknen.

- **Bürsten, Stahlschwämme, Wischlappen, Schwämme:** Einen Eimer mit warmem Wasser füllen, 1 EL Bleiche unterrühren und die Putzutensilien über Nacht einweichen. Am nächsten Tag ausspülen und trocknen.
- **Weiße Keramikspülbecken:** Trotz gründlichen Putzens wird so manches Becken nicht mehr richtig weiß. Fülle das Waschbecken am Abend bis zum Rand mit warmem Wasser und rühre 4-5 EL Sauerstoffbleiche unter. Über Nacht einwirken lassen. Das Wasser am nächsten Morgen ablassen und nachwischen.
- **Schneidebretter und Kochlöffel:** Das Waschbecken etwas mit warmem Wasser füllen, 3 EL Bleiche hinzugeben und darin Brettchen und andere Utensilien eine Stunde lang einweichen.
- **Thermoskannen und Trinkflaschen:** Mit warmem Wasser füllen, 1 TL Sauerstoffbleiche hineingeben, umrühren und eine Stunde lang stehen lassen. Gründlich ausspülen und trocknen.

SCHUHPUTZCREME LEDERSCHUHE

Lederschuhe brauchen gute Pflege. Vor allem spätestens dann, wenn sie kleine Risse aufzeigen und matt werden. Die käuflichen Schuhcremes basieren auf Mineralöl. Selbst gemachte Schuhcreme ist schnell gemacht und pflegt ganz natürlich.

Zutaten für 100 ml Schuhcreme:

- 50 ml Pflanzenöl (Olive, Raps o. Ä.)
- 40 g Lanolin
- 10 g Bienenwachs

Die Zutaten im Wasserbad langsam erwärmen, bis Lanolin und Bienenwachs vollständig geschmolzen sind. Dann in ein Schraubglas abfüllen. Erst verschließen, wenn die Masse abgekühlt ist. Die Schuhcreme ist ein Jahr lang haltbar.

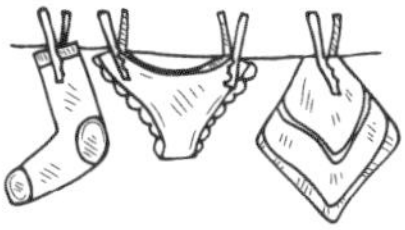

Wäsche

Je nach Bedarf kannst du jeden Tag eine Ladung waschen oder wöchentlich einen großen Waschtag einplanen. Ich persönlich bevorzuge es, alles an einem oder zwei Tagen wegzuarbeiten und den Rest der Woche meine Ruhe zu haben.

Die Waschtrommel sollte immer gut gefüllt sein, damit sich Wasser- und Stromverbrauch auch lohnen.

Ähnliche Farben zusammen waschen. Handtücher, Bettwäsche, Socken, Lappen und Unterwäsche (bis auf empfindliche BHs) bei 60 Grad waschen. Den Rest bei 30 Grad. Bei normaler Verschmutzung reicht bei modernen Maschinen die Einstellung „Eco". Die Maschine wäscht zwar länger, aber bei niedrigerem Energie- und Wasserverbrauch.

Seide und Wolle immer von Hand mit speziellem Waschmittel waschen. Anschließend vorsichtig in einem Handtuch ausdrücken und immer liegend trocknen, damit sich die Fasern nicht verziehen.

Weiße Wäsche bekommt mit der Zeit einen Grauschleier und unter den Achseln können sich gelbliche Flecken bilden. Man kann – wie früher – die weiße, gewaschene Wäsche auf den Rasen für einige Stunden in die pralle Sonne legen. Oder zum Waschgang 1-2 EL Sauerstoffbleiche geben. Wenn sich der Grauschleier hartnäckig hält, kann man die weiße Wäsche 24 Stunden lang in Sauerstoffbleiche einweichen.

Die Ursache für Grauschleier können Seifenrückstände in der Waschmaschine sein. Diesem Zustand sollte man mit einer regelmäßigen Säuberung der Waschmaschine entgegenwirken. Alle drei Monate 10 EL gekörnte Zitronensäure direkt in die Waschtrommel geben (keinen Essig – dieser ist zu aggressiv!). Den 40-Grad-Waschgang wählen. Nach halber Waschzeit auf Pause drücken und die Säure 2 Stunden lang einwirken lassen. Waschgang wie gewohnt beenden. Anschließend etwas Zitronensäure mit Wasser mischen und damit die Dichtungsgummis abwischen.

AUF DER LEINE TROCKNEN

Es gibt keine meditativere Arbeit, als Wäsche auf der Leine im Freien aufzuhängen. Das ist eine der wenigen Hausarbeiten, die sich über die Jahrzehnte hinweg nicht verändert hat und deshalb ihren ganz eigenen Reiz hat. An manchen stressigen Tagen sind das die Momente, in denen ich durchatme. Ich trete mit dem vollen Wäschekorb ins Freie, spüre den Wind und die Sonne auf der Haut, höre die Vögel, beobachte einige Minuten unsere Kaninchen und freue mich an meinem Gemüsegarten, der sich schon wieder verändert hat. Falls es deine Wohnsituation zulässt, trockne deine Wäsche so oft es geht im Freien. Es schont deine Wäsche und ist emissionsfrei. Trockner sind nämlich wahre Energiefresser. Ich nutze meinen Trockner nur in Notfällen. Um auch hier Energie zu sparen, lege ich jedem Trockengang drei Filzbälle aus Wolle bei, welche die Trockendauer verkürzen.

Lass die Wäsche nicht in der Waschmaschine liegen, sondern hänge sie zeitnah auf. Je länger sie nämlich in der Maschine liegt, desto stärker knittert sie.

Wenn du einen Wäscheständer hast, dann hänge die schweren Stücke in die Mitte und die leichten wie Unterwäsche und Socken an die Seiten. Fixiere alles mit Klammern, die am besten aus Holz sind. Diese halten länger, da Plastik in der Sonne ausbleicht und mit der Zeit bricht.

Bevor du deine Wäsche aufhängst, schüttele jedes Teil kräftig aus. Dunkle Wäsche drehst du auf links, damit die rechte Seite durch die Sonne nicht ausbleicht. Shirts, Pullover und Blusen hängst du am unteren Saum auf. Röcke am oberen Saum und Kleider an den Schulternähten. Hosen am Beinsaum. Decken hängt man an zwei Ecken auf und fixiert die anderen beiden Ecken an der Leine dahinter, sodass sie eine Art Segel bilden. Kleidung aus Wolle darf nicht an der Leine getrocknet werden, dies würde ihren Fasern Schaden zufügen. Wollstücke glatt auf einem großen Handtuch ausbreiten und im Schatten trocknen lassen.

Falls du Kleidung bügeln möchtest, dann lass sie nicht vollständig auf der Leine trocknen, sondern hole sie dir noch im feuchten Zustand aufs Bügelbrett. Dies macht das Bügeln wesentlich einfacher.

Den Rest nimmst du ab, wenn er völlig trocken ist und so wunderbar nach Wind und Sonne duftet. Lass die Wäsche nicht im Wäschekorb, sondern lege sie auf einem großen Tisch sofort zusammen. Je länger die Wäsche liegt, desto stärker zerknittert sie.

Grannys Tipp:
Frostige Temperaturen sind ein kostenloses Mittel gegen Milben in Decken, Kissen und Kuscheltieren. Diese an Frosttagen für einige Stunden ins Freie hängen. Das tötet die Milben ab.

Waschmittel selbst herstellen

Es fühlt sich gut an, Waschmittel aus wenigen Zutaten selbst herzustellen und zu wissen, was an deine Haut kommt. Außerdem spart diese Art des Waschens Geld und unnötigen Plastikmüll.

Ein Liter des selbst hergestellten Waschmittels kostet im Durchschnitt 1 Euro. Für einen Liter eines handelsüblichen Waschmittels zahlst du im Durchschnitt 4 Euro.

REZEPT FÜR FLÜSSIGES WASCHMITTEL

Zutaten für etwa 2 Liter flüssiges Waschmittel

- 60 g Waschsoda
- 30 g Seifenflocken (Kernseife, wenn möglich ohne Palmöl)
- nach Belieben: ein paar Tropfen ätherisches Öl (ist aber kein Muss)
- 2 Liter Wasser
- Glasflasche oder anderes Gefäß zum Aufbewahren

1. Fülle das Wasser in einen hohen Topf und koche es auf.
2. Füge jetzt die Seifenflocken in das kochende Wasser und löse sie unter ständigem Rühren mit einem Schneebesen

darin auf. So lange rühren, bis sich die Seifenflocken aufgelöst haben.

3. Den Topf mit der Seifen-Wasser-Masse vom Herd nehmen und langsam das Waschsoda hinzufügen. **Waschsoda kann reizend wirken, deshalb wirklich sehr langsam hineinschütten und dabei ständig weiterrühren.** Das Waschmittel einige Stunden abkühlen lassen, bis daraus eine milchige, dicke Flüssigkeit geworden ist. So soll die Konsistenz im besten Fall sein.
   Falls du mit dem Ergebnis nicht zufrieden bist, kannst du das Aufkochen der Masse nach dem Abkühlen noch ein oder sogar zwei Mal wiederholen – erst flüssig und dann wieder kalt werden lassen. So verbinden sich die Zutaten noch etwas besser und das Waschmittel setzt sich später weniger ab. Du kannst dir diese Zeit aber auch sparen und dein Waschmittel vor dem Gebrauch einfach immer etwas schütteln, das tut es meist auch.
4. Ganz am Ende noch ein paar Tropfen ätherisches Öl hinzufügen. Jetzt per Trichter in eine Glasflasche oder ein anderes geeignetes Gefäß abfüllen. (Ich habe mir für diesen Zweck aus dem Recyclingcontainer einen 5-Liter-Plastikkanister geholt.)

Tipp: Zur Vorbeugung gegen Grauschleier bei weißer Wäsche 1-2 TL Natron in das Waschmaschinenfach geben. Gegen Kalk kannst du bei Bedarf auch noch etwas Zitronensäure (ca. 10-15 g) deinem Waschmittel beifügen.

ANWENDUNG:
Pro Waschgang benötigst du etwa 70-120 ml flüssiges Waschmittel – je nach Verschmutzung der Wäsche. Habe also immer einen kleinen Messbecher in Reichweite. Schüttle deine Flasche mit dem Waschmittel vor der Benutzung kräftig, damit alles gut vermengt ist.

Vorsicht: Dieses Waschmittel ist nicht für Feines und Wolle geeignet!

Sparsam leben

Direkt nach der Schule zog es mich in die weite Welt. Die Vorstellung, mich in ein geordnetes, bürgerliches Leben zu begeben, widerstrebte mir zutiefst. Ich schmeckte Freiheit und wollte diese so lange wie nur möglich auskosten. Mein erstes Ziel war ein Kibbuz im Norden Israels, wo ich mich von einer Küchenhilfe zur Assistentin der Kleintierzoo-Chefin hocharbeitete. Als Volontärin standen mir Unterkunft und Verpflegung frei, ich bekam ein kleines Taschengeld und das so genannte Funny-Money: Spielzeuggeld, mit dem ich im Kibbuzladen einkaufen konnte.

Ich hatte einen israelischen Freund. Von ihm, der in einem bescheidenen Einwandererhaushalt groß geworden war, lernte ich die Basics im Umgang mit Geld: Gib nur das Nötigste aus. Spar den Rest.

Er war es auch, der mich dazu anspornte, jede Woche einen Teil meines Niedrigstlohns in einen gesonderten Briefumschlag zu stecken. Nach einem halben Jahr war dieser prall gefüllt. Und kurz vor meiner Rückkehr nach Deutschland kaufte ich mir von diesem Geld im Geschäftsviertel von Haifa die lang ersehnte Levis Jeans, ein meerblaues Angoraoberteil, ein orientalisches Kochbuch und Geschenke für meine Lieben daheim. Es blieb sogar noch Geld übrig, das ich in eine Abschiedsreise nach Tel Aviv investierte.

Ich kann mit wirklich sehr wenig auskommen.

Diese kleine Episode hat mich in dreierlei Hinsicht stark geprägt. Erstens: Ich kann mit wirklich sehr wenig auskommen. Solange ich ein paar Kleidungssets, ein paar bequeme Schuhe, eine interessante Arbeit, liebe Freunde, eine Dose Instantkaffee und Bücher habe, bin ich glücklich. Zweitens: Es ist ein beruhigendes Gefühl, immer etwas Geld auf der hohen Kante zu haben. Entweder für Notzeiten oder um mir einen lang gehegten Wunsch zu erfüllen. Drittens: Es ist erfüllender, auf einen Wunsch zu sparen, anstatt jedem Kaufimpuls sofort nachzugeben.

Unsere Generation schwamm lange Zeit sorglos auf einer Wohlstandswelle, die unsere hart arbeitenden Vorfahren in Gang gebracht hatten. Wir spüren es mittlerweile alle: Diese Welle hat sich ausgesurft. Inflation, Energie- und Lebenshaltungskosten steigen. Befreundete Familien verzichten dieses Jahr auf ihren Urlaub, um Heizöl tanken zu können. Andere lassen ihr Auto öfter stehen und nutzen günstige Angebote der öffentlichen Verkehrsmittel. Laut eines FOCUS-Artikels aus dem Jahr 2022 schränken sich mittlerweile 70 Prozent der Bundesbürger in ihren Ausgaben ein.[11]

Verärgert wachen wir auf und stellen fest, dass wir unseren Lebensstandard und unser Ausgabeverhalten überprüfen müssen. Und dann überlegen, was wir wirklich brauchen und wie wir sparsamer leben können. Nicht nur zu unserem eigenen Wohlergehen, sondern auch um diesen Planeten als lebenswerten Ort zu erhalten. Ich bin sicher, wir können mit viel weniger auskommen, als wir meinen. (Hier klammere ich unsere Mitmenschen, die mit einem Existenzminimum auskommen müssen, aus. Soziale Gerechtigkeit und Teilhabe für alle an der Gesellschaft sind noch mal ein ganz anderes Kapitel!)

Heute besitze ich mehr als nur eine Levis Jeans, ein Angoraoberteil und eine Dose Instantkaffee. Ja, auch ich habe mich jahrelang am Überkonsum beteiligt. Inzwischen übe ich mich darin, unser Ausgabeverhalten zu kontrollieren. Angesichts der Weltlage zieht Ernüchterung ein. Und ein fester Entschluss, genügsamer und bescheidener zu leben.

Mir half auf meinem Weg als Homemaker das Führen eines Haushaltsbuches. Ja, das klingt weder spaßig noch sexy, aber es ist eine große Hilfe, das eigene Ausgabe-Verhalten zu überprüfen und zu kontrollieren. Am Ende des Monats weißt du, welche

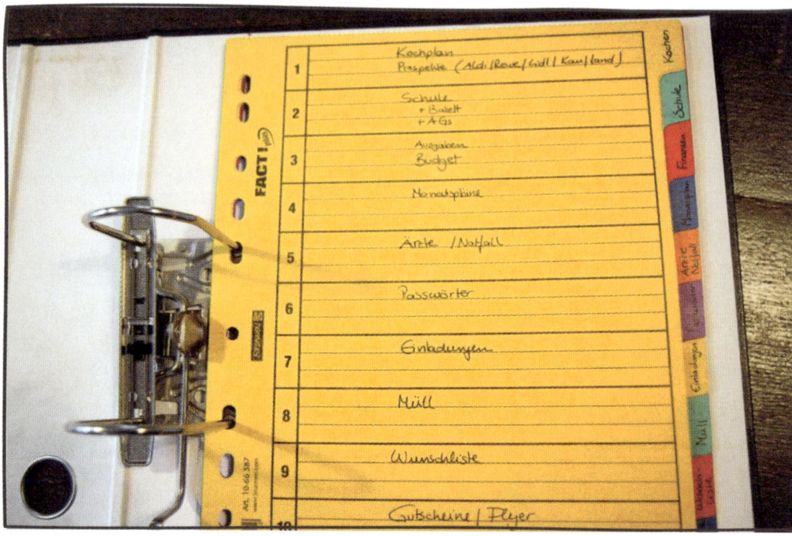

Unsummen du für Gartendeko und indische Edel-Gewürzmischungen ausgegeben hast. Mit den ermittelten Daten kannst du ein Budget für Lebensmittel, Freizeit, Kleidung, Kosmetik usw. festlegen und Sparpotenziale freilegen.

Der Nebeneffekt: Du wirst dir deiner Ausgaben automatisch bewusster und überlegst dir zweimal, ob du den Posten „Haustier-Therapiestunde" im Haushaltsbuch stehen haben möchtest.

Ein Haushaltsbuch erfüllt zwei wichtige Zwecke:

- Es unterstützt bei der Erstellung eines monatlichen Budgets.
- Man gibt automatisch weniger aus.

Online finden sich viele Haushaltsbuch-Vorlagen und Apps. Aber auch eine einfache Excel-Tabelle erfüllt den Zweck.

Du kannst auch erst mal mit einem Lebensbereich anfangen. Zum Beispiel mit dem großen und wichtigen Posten Lebensmittel. Oft gehen wir einkaufen, obwohl Vorratsschrank und Kühltruhe vor Lebensmitteln bersten. Aber das frische Schnitzel ist eben doch verlockender als die kümmerlichen Bohnen und die schlappen Möhren.

Hier hilft die Erstellung eines Essens-Wochenplans. Setz dich am Sonntagabend hin und plane alle Mahlzeiten für die kommende Woche. Überlege zunächst, was du zu Hause hast und was verbraucht werden muss. Lass dich nicht von Lust und Laune leiten, sondern von Vernunft und Pragmatismus. Hast du ein sehr begrenztes Budget, dann erstelle dir eine Liste von günstigen Gerichten, aus denen du auswählst. (Drei Vorschläge findest du auf S. 112-113.)

Einmal im Monat fordere ich mich selbst heraus, indem ich eine Woche lang nur das verwerte, was ich im Haus habe. Da wird nichts Neues gekauft. Ich mag das unheimlich gerne, weil es meine Kreativität herausfordert und viel Geld spart.

Bei meiner letzten Verwertungs-Challenge sah unser Speiseplan so aus:

- **Sonntag**: Frikadellen mit Kartoffelbrei und Salat (Bio-Hackfleisch habe ich immer in der Tiefkühltruhe und schrumpelige Kartoffeln lassen sich noch wunderbar zu Püree verarbeiten.)
- **Montag**: Gemüsecremesuppe (ideal für älteres Gemüse, das ich auf diese Weise vor der Mülltonne rette – Rezept auf S. 137)
- **Dienstag**: Kartoffel-Pancakes (mit Kartoffelbreiresten vom Sonntag – Rezept auf S. 139)
- **Mittwoch**: Bohnen-Karotten-Salat/Dhal (Rezept auf S. 106/112)
- **Donnerstag**: Ofenschlupfer mit Vanillesoße (Rezept auf S. 132)
- **Freitag**: Lasagnereste aus der Tiefkühltruhe
- **Samstag**: Nudelauflauf (Ich hatte eine Menge angebrochener Nudelpackungen und Käsereste.)

Hier meine Spartipps

HAUSHALT UND GARTEN:

- Wochenkochplan erstellen mit günstigen Rezepten. So vermeidet man den Kauf unnötiger Lebensmittel.
- Gemüse und Obst nur kaufen, wenn sie Saison haben.
- Einfache, günstige und nahrhafte Gerichte kochen – und teurere Gerichte für besondere Gelegenheiten aufheben.
- Im Supermarkt Hausmarken statt Markenprodukte kaufen.
- Vorräte anlegen, wenn Lebensmittel im Angebot sind.
- Eine Zeit lang nichts kaufen und nur die Vorräte aufbrauchen.
- Weniger Fleisch und Milchprodukte konsumieren. (Anstatt Käse und Wurst zum Abendessen vegetarische Aufstriche ausprobieren.)
- Wenn es Fleisch sein muss: Günstigere Fleischstücke kaufen wie z. B. Suppenfleisch, Schweinebauch, Rinderwade, Nacken, Innereien. Oder Hackfleisch.
- Auf Vitaminpräparate und Nahrungsergänzungsmittel verzichten.
- Brot und Brötchen selbst backen.
- Gemüsereste aufheben (in einem Beutel einfrieren) und daraus Gemüsebrühe kochen (Rezept auf S. 134).

- Auf sinnlose Fertigprodukte verzichten. Mehlschwitze kaufen? Die ist in zwei Minuten aus Butter und Mehl selbst hergestellt. Pfannkuchenteig aus der Flasche? Dazu muss ich nichts weiter schreiben, oder?
- Reduzierte Lebensmittel kurz vor Ablaufdatum kaufen.
- Leitungswasser trinken. (Wenn du Wasser mit Kohlensäure magst, tut ein Wassersprudler gute Dienste.)
- Klassisch Kaffee kochen. Pads sind im Gegensatz zu Pulver teuer und belasten die Umwelt. Kaffeefilter gibt es auch als wiederverwendbares Sieb. Ebenso wie wiederbefüllbare Pads.
- Eigenes Essen mit zur Arbeit nehmen.
- Freunde nach Hause einladen, anstatt auszugehen.
- Süßigkeiten und Knabbersachen nur zu besonderen Gelegenheiten kaufen.
- Gefrorenes Obst kaufen. (Das ist oft günstiger als frisches, da aufgrund der längeren Haltbarkeit größere Mengen produziert und abgenommen werden können.)
- Packungen und Tuben vollständig leeren.
- Auf teure Snacks verzichten. Stattdessen Oliven, Popcorn und selbst gemachte Snacks genießen (Rezept auf S. 126-127).
- Fast Food und Lieferservice meiden.
- Einen kleinen Garten anlegen mit leicht zu ziehendem Obst, Gemüse und Kräutern. Das ist sogar auf kleinster Fläche möglich. Mehr dazu im Gartenkapitel (ab S. 156).
- Regenwasser zum Gießen sammeln.
- Blumen und Gemüse aus Saatgut ziehen. Jung- und Topfpflanzen sind erheblich teurer.
- Hobby-Gärtner teilen ihre Stauden häufig im Herbst. Einfach mal nachfragen, ob man einige Wurzelballen bekommt.
- Kosmetik selbst herstellen.
- Wiederverwendbare Slipeinlagen nutzen.
- Zum Putzen selbst gemachte Putzmittel verwenden oder einen 5-Liter-Eimer Schmierseife anschaffen.
- Waschmittel selbst herstellen.
- Putztücher und -lappen aus alten Handtüchern und T-Shirts herstellen.
- Haare selbst schneiden.
- Stoffwindeln statt Wegwerfwindeln nutzen.

TEXTILIEN:

- Es lohnt sich, das Reparieren von Kleidung zu lernen. (Dazu gibt es unzählige Youtube-Tutorials.)
- Ausgebleichte und fleckige Kleidung kann man färben oder batiken.
- Kinderleggins mit löchrigen Knien in Shorts umnähen (siehe S. 221).
- Kleine Kleiderschränke verhindern das Ansammeln von überschüssiger Kleidung.
- Kleidung – vor allem Kinderkleidung – gebraucht kaufen. Flohmärkte, Basare, Secondhandläden und Onlineportale wie z. B. Vinted, eBay-Kleinanzeigen, momox fashion sind wahre Fundgruben.
- Günstiger ist nicht besser! In hochwertige und zeitlos klassische Kleidung investieren. (Diese Stücke trägt man oft jahrelang.)

SHOPPING ALLGEMEIN:

- Bei jedem Kaufimpuls sich selbst fragen: Brauche ich das wirklich? Oder möchte ich das gerade jetzt? (Diese Frage ist allgemein ein nützlicher Ratgeber in Kaufentscheidungen und verhindert viele Fehlkäufe.)
- Allen Werbenewslettern und Influencern, die Produkte bewerben, entfolgen.
- Kataloge abbestellen oder direkt in die Papiertonne werfen.
- Keine Verkaufspartys besuchen.
- Bei notwendigen Neuanschaffungen Preisvergleichsportale im Internet nutzen. (z. B. idealo oder check24).
- Antizyklisch einkaufen (z. B. Wintermäntel im Sommer, Campingausrüstung im Winter).

URLAUB UND FREIZEIT:

- Wir haben in der Pandemie gelernt: Es muss nicht immer ein exotisches Reiseziel sein. Ums Eck warten wunderschöne Gegenden, die erkundet werden wollen.
- Jugendherbergen, Hostels, Gästehäuser nutzen.
- Haustausch ist ebenfalls eine billige Urlaubsalternative (z. B. www.haustauschferien.com).
- Günstige Freizeitaktivitäten mit Kindern nutzen: Wanderungen, Picknicks, Geo-Caching, Radtouren, Wildparks (sind meist günstiger als Zoos), Lagerfeuer, Besichtigung von Burgen und Ruinen.
- Bücher, Magazine und Spiele in der örtlichen Bücherei ausleihen.
- Sport im Freien betreiben, anstatt ins Fitnessstudio zu gehen.
- Für längere Fahrten ein Picknick einpacken, anstatt an Raststätten überteuerte Snacks zu kaufen.

SONSTIGES:

- Gebrauchtes auf Verkaufsportalen verkaufen.
- Kostenlose Onlinekurse und Tutorials nutzen.
- Geschenke und Karten selbst herstellen.
- Mehr mit dem Fahrrad und den öffentlichen Verkehrsmitteln fahren.
- Ein Haushaltsbuch führen.
- Einmal pro Jahr Strom-, Wasser-, Kreditverträge und Internetanbieter prüfen. Vielleicht lohnt sich ein Anbieterwechsel?
- Ebenso: Regelmäßig einen Blick auf Krankenkasse und Versicherungen werfen. Wo bieten sich hier durch Kündigung oder Wechsel Sparmöglichkeiten?
- Besitz pfleglich und sorgsam behandeln, sodass er möglichst lange hält.
- Zeitlos klassische Dinge anschaffen.

Strom, Wasser, Wärme

Letzte Woche erzählte mir eine Freundin, dass sie ihren Familienurlaub streicht. *„Warum? Ihr wart mit euren Kindern doch schon seit Ewigkeiten nicht mehr fort." – „Entweder wir fahren in den Urlaub oder wir frieren im Winter."*

Ein weiteres Szenario:

Ich bestelle Brennholz bei unserem Holzlieferanten.

Holzlieferant: *„Der Preis hat sich seit letztem Jahr verdoppelt. Und er wird noch weiter steigen."* Ich: *„Okay, ich muss mir einen Wald kaufen! Und eine Bank überfallen."*

Noch ein Szenario:

Mann: *„Hey Schatz, wir haben ja zwei Autos."* Ich: *„Ja, und?"* Mann: *„Lass uns eines verkaufen. Das Geld könnten wir für eine Solaranlage verwenden. Wenn uns nicht die Heizkosten vorher alles wegfressen."*

Kommt dir das bekannt vor? Wenn du nicht gerade einen Wald dein Eigen nennst oder in einem topisolierten Reihenmittelhaus wohnst oder mit Brunnen/Windrad/Photovoltaik komplett autark lebst, dann rechnest du mit spitzem Bleistift und suchst nach Einsparpotenzialen. Nicht alle haben die finanziellen Möglichkeiten, jetzt sofort auf Photovoltaik, Wärmepumpe, Solarthermie, E-Auto usw. umzusteigen. Oder ihr Haus mal schnell für ein paar Zehntausend Euro zu isolieren. Deshalb: Erstelle einen langfristigen Plan, um in Zukunft unabhängiger leben zu können. Vielleicht bedeutet dieser Plan einen Umzug in eine kleinere, aber dafür gut isolierte Wohnung. Oder eine Photovoltaik-Anlage auf dem Dach. Oder eine Grauwasseranlage.

Damit uns die Heiz-, Strom- und Wasserkosten nicht erdrücken, habe ich einen Sparplan erstellt.

HEIZEN:

- Decken auf Sesseln und Sofa platzieren.
- Mach's wie Oma und ziehe eine Strickjacke über. Und Lammfellschuhe an die Füße. Wer kalte Füße hat, friert am ganzen Körper.
- Heizkörper dürfen nicht mit Vorhängen und Möbeln blockiert werden.
- Bei Abwesenheit Heizkörper immer runterdrehen.
- Heizung regelmäßig entlüften.
- Nur Stoßlüften. Fenster nicht auf Kipp stellen, da sonst die Räume stark auskühlen.
- Ungedämmte Rollladenkästen dämmen.
- Fenster und Türen abdichten.
- Sobald es abends dunkel wird, Vorhänge, Rollladen und Jalousien schließen. Sie dämmen zusätzlich.
- Temperatur an die Zimmer anpassen: Das Schlafzimmer kann kühl bleiben. Im Wohnbereich sollte die Temperatur 22 Grad nicht überschreiten. (Wohnräume nicht über längere Zeit komplett auskühlen lassen, sonst droht Schimmelgefahr.)
- Heizkörper vor der Heizsaison innen abstauben.
- Nachts die Heizung komplett ausstellen und sich in ein feines Federbett hüllen.
- Heizungsrohre dämmen.
- Beim Duschen warmes Wasser sparen: Weniger duschen. Einbau eines Wassersparkopfs. Baden auf ein Minimum reduzieren.
- Du kannst deine Heizkosten auf diesem Portal prüfen lassen und dir Tipps für Einsparpotenziale geben lassen: www.co2online.de
- Backofen bei geöffneter Backofentür auskühlen lassen (heizt die Küche ein bisschen mit).

Das bedeuten die Stufen des Thermostats

- Stufe 1: ca. 12 °C
- Stufe 2: ca. 16 °C
- Stufe 3: ca. 20 °C
- Stufe 4: ca. 24 °C
- Stufe 5: 28 °C

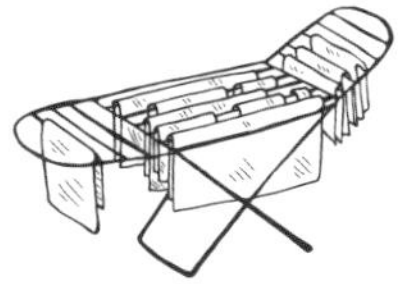

STROM:

- Nur die benötigte Menge Wasser im Wasserkocher erhitzen.
- Ohne Vorheizen backen.
- Restwärme im Ofen zum Trocknen von Obst, Kräutern, etc. nutzen.
- Beim Kochen den Herd einige Minuten vorher ausstellen und mit Restwärme zu Ende kochen.
- Immer mit Deckel kochen.
- Kartoffeln vor dem Kochen klein schneiden (vor allem bei Kartoffelbrei). Das verkürzt die Kochdauer enorm.
- Auf Vorrat backen und kochen.
- Auf Hartböden öfter mal kehren statt saugen.
- Kühlschrank und Kühltruhe einmal pro Jahr abtauen und das Eis entfernen.
- Wäsche bei 20 oder 30 Grad waschen.
- Wäsche ohne Vorwäsche waschen.
- Wäsche auf der Wäscheleine oder dem Wäscheständer trocknen.
- Ökoprogramme für Wasch- und Spülmaschine nutzen.
- Bei Anschaffung eines neuen Geräts immer die beste Energieeffizienzklasse wählen.
- Auf Klimaanlagen verzichten (lieber auf einen Ventilator ausweichen).
- Elektrische Geräte nach Gebrauch ganz ausschalten.
- Ladegeräte nach dem Laden aus der Steckdose ziehen.
- Bildschirmhelligkeit bei Handy und Laptop runterdrehen.
- Smartphone in der Nacht ausstellen.
- Glühbirnen durch LED-Birnen austauschen.
- Im Winter den Kühlschrank ausschalten und verderbliche Ware an einem geschützten Ort im Freien aufbewahren (wenn die Temperaturen entsprechend niedrig sind und dieser Ort nicht zu weit von der Küche entfernt liegt).
- Haare an der Luft trocknen lassen, statt zu föhnen.
- Auf Laubsauger und -bläser verzichten.
- Zu Ökostrom wechseln.

WASSER:

- Durchflussbegrenzer in Dusche und Küche installieren.
- Sparspültaste bei Toilette nutzen.
- Obst und Gemüse nicht unter fließendem Wasser spülen. Eine Schüssel mit Wasser füllen und darin die Produkte reinigen. (Mit dem Wasser kann man hinterher die Blumen gießen).
- Gleiches gilt auch für Geschirr, das von Hand abgewaschen wird.
- Wasch- und Spülmaschine erst anstellen, wenn sie komplett gefüllt sind.
- Regenwasser zur Bewässerung des Gartens verwenden.
- Tropfende Wasserhähne reparieren.
- Wasserhahn während des Einseifens der Hände und des Zähneputzens ausstellen.
- Spülwasser mehrfach verwenden. Erst Gläser spülen, dann die stärker verschmutzten Sachen. Ist das Wasser nicht stark verschmutzt, kann man damit noch die Küchenoberflächen abwischen.
- Hochdruckreiniger nur nutzen, wenn eine Reinigung anders nicht möglich ist.

Kochen und Backen

Das erste Rezept, das ich beherrschte, waren Spiegeleier. Da war ich fünf und ich liebte es, meinem Vater, wenn er vom Feld heimkam, ein Ei zu braten. Das war meine Art der Liebessprache. Manchmal erwischte ich zu viel Pfeffer, aber mein Vater aß es trotzdem. Das war seine Liebessprache.

Die Hungerjahre nach dem Krieg hatten meine Mutter tief geprägt, sodass sie auch 60 Jahre später keine Lebensmittel entsorgen kann. Schaler Kartoffelbrei vom Vortrag wandert in die Suppe, Hühnerknochen werden ausgekocht, die Nüsse auf der Wiese aufgelesen und wenn der Rücken dabei noch so sehr protestiert. Als Kinder hatten wir diese Haltung belächelt. Wie rückständig! Wozu den Rücken krumm machen, wenn man sich eine Plastiktüte kalifornischer Nüsse aus dem Supermarkt holen kann?

> *„Get in your kitchens, buy unprocessed foods, turn off the TV, and prepare your own foods. This is liberating."*
>
> **Entdeckt eure Küchen, kauft unverarbeitete Lebensmittel, stellt den Fernseher aus und kocht euer eigenens Essen. Das ist befreiend.**
>
> JOEL SALATIN

Wir dümpelten im warmen Kielwasser des Wirtschaftswunders und die Fortschrittswut übertönte die leise Lebensart der Alten. Die ständige Verfügbarkeit aller nur erdenklichen Lebensmittel hatte uns arrogant gemacht. Wir fühlten uns auf ewig dem Gestrigen überlegen.

Als hätte ich die eingeweckte, vollwertige und biologische Kulinarik meiner Kindheit wettmachen müssen, bestand meine Ernährung als junger Mensch hauptsächlich aus Fast Food und Fertiggerichten. Später entdeckte ich meine Leidenschaft fürs Kochen und steckte meine Nase in anspruchsvolle Kochbücher. Es konnte nicht ausgefallen genug sein und so landeten in meinem Einkaufswagen Gewürze, die ich nur einmal benutzen würde, teurer Fisch und exotische Zutaten, die viele tausend Kilometer gereist waren.

Als meine Kinder zur Welt kamen, machte ich mir Gedanken über eine nachhaltigere und gesündere Art des Kochens. Ich erinnerte mich an die Kochweise meiner Mutter, die nie etwas verschwendete und alles nutzte, was Vorratskeller, Natur und Garten zu bieten hatten.

Ich legte einen kleinen Garten an und das Gefühl, sonnenwarme Tomaten auf einem Stück selbstgebackenem Vollkornbrot zu essen, war unbezahlbar. Ich hatte Feuer gefangen und träumte von einem Selbstversorgerdasein. Aber in den folgenden Jahren lernte ich, dass man zur Selbstversorgung a) viel Land, b) viele Arbeitskräfte und c) sehr viel Zeit benötigt. Mittlerweile praktiziere ich eine entspannte, partielle Selbstversorgung: Z. B. kaufen wir fünf bis sechs Monate im Jahr weder Obst noch Gemüse, weil in dieser Zeit alles aus dem eigenen Garten kommt. Ich verwende so viele einheimische Produkte wie möglich. Ich koche oft in größeren Portionen und friere den Rest ein, sodass ich an hektischen Tagen ein schnelles Gericht zur Hand habe. Und wenn die Gefriertruhe leer ist, rufen wir auch mal den Pizzaservice an. Ich habe aufgehört, es perfekt machen zu wollen, und serviere mir zusammen mit der Pizza eine Extraportion Gnade und Gelassenheit.

Lebensmittel in Bio-Qualität kaufe ich nicht immer, aber häufig. Es ist mir schmerzhaft bewusst, dass Bioprodukte leider nicht allen Menschen zugänglich sind. Ich wünschte, wir hätten hier bessere Lösungen, damit alle Bürger*innen finanziellen und lokalen Zugang zu frischen und biologisch angebauten Produkten hätten. (Ich träume von urbanen Gemeinschaftsgärten!). Aber wir können es uns alle leisten, regionaler und saisonaler einzukaufen und zu kochen. Wenn wir an dieser Schraube drehen, ist bereits viel gewonnen.

Im Laufe der Zeit sammelte ich einiges an Kocherfahrung. Ich kann heute wesentlich mehr als ein Spiegelei braten – trotzdem bin ich keine Meisterköchin. Frag mich mal, ob ich jemals ein Soufflee aus dem Ofen gezaubert habe: eben. Aber ich bin routiniert. Und zu 95 Prozent schmeckt es allen, was ich da aus der Küche auf den Tisch trage.

Für eine passable Koch- und Backleistung brauchst du keine besonderen Küchen-Gadgets. Das meiste, was uns auf Verkaufspartys und in einschlägigen Katalogen angepriesen wird, ist überflüssiger, überteuerter Firlefanz. Wir brauchen keine top ausgestatteten Hightechküchen, um darin eine gute, nahrhafte Gemüsesuppe oder ein Curry zu kochen. Das kann man auch auf einer kleinen Kochplatte. Ja, selbst auf dem Lagerfeuer.

Wir brauchen keine top ausgestatteten Hightechküchen.

Apropos Küchen-Gadgets. Möchtest du die ruhmlose Geschichte von mir und meinem Entsafter hören? Na dann:

Schritt 1: ***Ich erliege der Überzeugung, dass meine Kinder nur mittels eines Entsafters genügend Vitamine zu sich nehmen können.*** Schritt 2: ***Weil ich eine verantwortungsvolle Mutter bin, kaufe ich den Entsafter.*** Schritt 3: ***Ich lese die Gebrauchsanweisung auf Dänisch durch, bis ich auf Seite 198 die deutsche Anleitung finde. Ich verstehe nur ein Drittel.*** Schritt 4: ***Ich baue die 14 Teile zusammen.*** Schritt 5: ***Puh. Jetzt erst mal eine Kaffeepause. Mit Schokolade.*** Schritt 6: ***Ich schäle Obst und Gemüse, zerkleinere es penibel. Ein Blick auf die Uhr. Das ist der zeitintensivste Saft meines Lebens.*** Schritt 7: ***Obst und Gemüse verschwinden mit lautem Getöse im Schlund des Entsafters.*** Schritt 8: ***Die Kinder verschlingen den Saft in 2,3 Sekunden.*** Schritt 9: ***Ich baue die 14 Teile wieder auseinander.*** Schritt 10: ***Ich reinige die 14 Teile eine halbe Stunde lang mit 50 Liter warmem Wasser.*** Schritt 11: ***Dabei entfahren mir einige saftige Flüche.*** Schritt 12: ***Das Gerät steht von nun an drei Jahre ungenutzt im Schrank.***

Was soll ich bloß kochen?

Diese Frage ähnelt dem Vollen-Kleiderschrank-Syndrom: Man steht ratlos vor einem gut gefüllten Kleiderschrank und „hat nichts anzuziehen". Und dann greift man wieder zu der altbewährten Jeans, während 99 Prozent der Kleidung weiter vor sich hin fusseln.

Wenn du zu der Minderheit der regelmäßig kochenden Gesellschaft gehörst (35 Millionen Bundesbürger*innen kochen täglich), dann kennst du dieses panikartige Gefühl, das dich ereilt, wenn in 30 Minuten ein Essen auf dem Tisch stehen soll und du reflexhaft die altbewährten Nudeln ins Kochwasser wirfst und Tomatensoße aufwärmst. (Hey! No shame. Nudeln mit Tomatensoße sind immer DIE Rettung.)

Jeden Sonntagabend plane ich auf Papier die Mahlzeiten für die Woche. Ja, in dieser Hinsicht bin ich hoffnungslos analog. Wenn du eher der digitale Typ bist, kannst du dir entsprechende Apps für deine Essensplanung herunterladen. Ich nutze eine ausgedruckte Excel-Liste, die ich in meinem Haushaltsordner abgeheftet habe. Die alten Listen lasse ich im Ordner, um mir Ideen für die aktuelle Woche zu holen.

Den Planungsprozess habe ich noch stärker vereinfacht: Dem Haushaltsordner liegt eine Liste mit Gerichten bei, die alle von uns gerne essen. So brauche ich diese nur zur Hand zu nehmen und das herauszupicken, was der Jahreszeit und unseren Vorräten entspricht. Es ist ja auch hier wie beim Kleiderschrank. Nachdem ich jahrelang alles mögliche ausprobiert habe, falle ich nun auf gute, bewährte Basics zurück. Je nach Lebensphase überarbeite ich die Liste, denn was eine Zweijährige einst verabscheute (Thai Curry), findet diese mit 12 Jahren ausgesprochen lecker. So flogen erst letztens die Rezepte für Lachslasagne und Forelle in Orangensoße aus dem Ordner. („Mama, wir essen jetzt auch keinen Fisch mehr!" Seufz.) Ab und zu juckt mich die Experimentierfreude. Dann stöbere ich in den wenigen Kochbüchern, die ich noch besitze, und überrasche meine Familie und mich mit Köstlichkeiten, die sie entweder schätzen oder mir durch die Blume zu verstehen geben, dass sie diese kein zweites Mal bräuchten.

Meine lose Rezeptesammlung habe ich in einem eigenen Ordner abgeheftet (wirklich hoffnungslos analog!). Das erfordert etwas Arbeit, aber es ist ein wunderbares Gefühl, endlich alle Lieblingsrezepte an einem Ort zu wissen. Ich liebe es, Sonntagabend durch diesen Ordner zu blättern und mich inspirieren zu lassen. Manches sind alte Familienrezepte, die ich wieder und wieder kochen muss und sicherlich eines Tages an meine Kinder weitervererbe.

Den Ordner habe ich in folgende Rubriken unterteilt:

- Dips, Aufstriche und Soßen
- Salate
- Suppen
- Vegetarisch
- Fleisch/Fisch
- Desserts
- Brot
- Kuchen
- Haltbarmachung
- Flüssiges
- Snacks
- Konditorei

Man könnte einen Rezepteordner z. B. auch jahreszeitlich oder alphabetisch ordnen. Oder mit noch viel mehr Unterkategorien. Diese brauche ich mittlerweile nicht mehr, da ich auswendig weiß, wo ich welches Rezept finde. Dieses System reduziert meinen mentalen Koch-Load erheblich.

Übrigens: Ich habe keinen fancy Ordner gekauft, sondern einen alten Versicherungsordner aus dem Keller geholt und ihm einen Einband aus alten Jeansresten und einer Stickarbeit meiner Mutter genäht.

10 Ess- und Kochgewohnheiten, die wir uns von unseren Vorfahren abschauen sollten

und wir werden nie mehr Ernährungsratgeber brauchen

1. ESSE WENIG, ABER GUTES FLEISCH

Unsere Vorfahren waren alles andere als Veganer oder Vegetarier. Aber sie kannten kein eingeschweißtes Billigfleisch, versetzt mit Antibiotika und Salzwasser. Fleisch war eine Kostbarkeit und der Schlachttag war ein Festtag.

Unser Fleisch sollte immer aus biologischer Haltung stammen. Oder noch besser: direkt vom Jäger. Das ist teurer, aber unsere Haushaltsbilanz gleicht sich wieder aus, wenn wir es nur selten auf den Tisch bringen.

2. SAISONAL KOCHEN UND ESSEN

Ich kann mich daran erinnern, als wäre es gestern gewesen: Juni. Der Garten meiner Kindheit. Die erste reife Erdbeere. Sonnenwarm, süß, saftig. Endlich! Oder die erste sämige, zimtige Kürbissuppe im September. Die ganzjährige Riesenpalette der Supermärkte gaukelt uns eine trügerische Selbstverständlichkeit vor. Unsere Erdbeeren im Winter kommen aus Mexico, Marokko, Neuseeland oder Ägypten. Dafür zahlt das Klima, aber auch der Geschmack einen hohen Preis.

In jeder Jahreszeit können wir aus einem saisonalen Angebot schöpfen, welches das parat hat, was unser Körper in dieser Zeit braucht: Die ersten grünen Vitamine im Frühjahr, leichte Frische im Sommer, die Fülle im Herbst und Wurzelgemüse als wärmende Kraftstoffpakete im Winter.

3. KEINE ANGST VOR FETT

Kann sich noch jemand an die Fett-Hysterie aus den 80er- und 90er-Jahren erinnern? Ich habe damals Pfannkuchen in einer Teflonpfanne ohne ein Gramm Fett gebacken. Genauso gut hätte ich Pappe essen können. Fett war neben dem Kommunismus Staatsfeind Nr. 1. Neue Studien haben ergeben, dass die Hysterie unbegründet ist. Im Gegenteil: Fett in Maßen – egal ob tierischer oder pflanzlicher Herkunft – ist für unseren Körper essenziell wichtig. Also keine Angst vor Vollfettmilch und Olivenöl.

4. SEI EINFALLSREICH

Wenn früher ein Tier geschlachtet wurde, dann verwertete man alles: Fleisch, Organe, Fell, Federn, Knochen. Der heutige Verbraucher ist so weit vom Ursprung seiner Nahrung entfernt, dass er nur eine Packung aufreißen muss, um an die Vorzugs-Fleischstücke zu kommen. Das Unansehnliche lassen wir links liegen und werfen es in den Müll. Aber gerade in den vermeintlichen Abfällen sind eine Menge guter Nährstoffe versteckt. Die Knochen vom Hühnchen- oder Rehessen? Aus ihnen lässt sich eine hervorragende Brühe kochen. Die halb welken Möhren und Pastinaken? Sie ergeben eine wärmende, vitaminreiche Suppe. Apfelschalen lassen sich trocknen und daraus Tee kochen.

5. KONSERVIERE LEBENSMITTEL

Früher war das Konservieren eine Notwendigkeit, heute eine Wahl. Du musst ja nicht gleich die Kunst des Einweckens erlernen. Aber die wilden Brombeeren, die am Wegesrand wachsen? Direkt in einen Gefrierbeutel pflücken und einfrieren. Im Winter sind sie vielseitig verwendbar. Aus der Apfelschwemme des Nachbarn kannst du Apfelchips machen. Die Reste vom Gemüseschnippeln? Aus ihnen kann man Gemüsebrühe für die nächste Suppe kochen (siehe Seite 134).

6. VERZICHTE AUF UNNÖTIGE FERTIGPRODUKTE

Das Wort Convenience-Food heißt „bequemes Essen". Es handelt sich dabei um komplette Fertiggerichte, bereits geschnittenes Obst und Salate in Plastikschalen. Andere Fertigprodukte umfassen Tütensuppen, -soßen und Fixprodukte. Oma hatte sicherlich auch nicht gänzlich in ihrer Küche auf Fertigprodukte verzichtet, wie z. B. Brühwürfel oder Puddingpulver. Und das müssen wir auch nicht. Manches ist in der Herstellung einfach sehr umständlich, teuer und zeitraubend, wie z. B. die Herstellung von Tortellini. Aber wo es uns möglich ist, können wir Alternativen finden, wie beispielsweise meine „Fertigsuppe" für die Tage, an denen es schnell gehen muss (auf Seite 114). Oder wir kochen von unseren Gerichten die doppelte oder dreifache Menge und frieren den Rest ein. So hat man an stressigen Tagen ein selbst gekochtes „Fertigessen".

7. LEBEN VOM LAND

In meiner Kindheit waren exotische Zutaten die Ausnahme und das, was das Land um uns herum produzierte, die Regel: Ob das die eigenen Kartoffeln waren, die Brennnesseln vom Waldrand oder der Quark des Kuhbauernnachbarn.

Nicht jeder von uns nennt einen Garten sein Eigen, aber dazu später mehr. Der Trend geht zurück zum Eigenanbau, zu Direktvermarktern, zur Hühnerhaltung, zu Bauernmärkten, zur Ökokiste, zum Sammeln in der Natur.

8. REGIONAL ESSEN

Wie schon im Punkt vorher beschrieben: Früher waren Lebensmittel aus der Ferne ein Luxus, eine Kostbarkeit. Ob es das Olivenöl oder die Ananas oder der Basmatireis waren. Behandeln wir diese Lebensmittel wieder wie solche. Versuchen wir so oft wie möglich ohne sie auszukommen und auf regionale Produkte zurückzugreifen. Und wenn doch die Ananas: Dann machen wir daraus ein kleines Fest ohne schlechtes Gewissen.

9. GEMEINSAME MAHLZEITEN

Der Mensch ist ein zutiefst soziales und sinnliches Wesen. Deshalb isst er am liebsten in Gemeinschaft. Was Menschen instinktiv seit Jahrtausenden taten, fällt dem hektischen, modernen Lebensstil häufig zum Opfer. Viele Studien belegen, dass gemeinsame Familienmahlzeiten eine Reihe positiver Effekte bergen: die Reduzierung des Risikos bei Kindern für Übergewicht, weniger exzessive Nutzung von Social Media, Drogenmissbrauch, Essstörungen, Kriminalität und Depressionen. Oft ist die eine gemeinsame Mahlzeit am Tag auch die Gelegenheit für ein gemeinsames Gebet.

10. NIE WIEDER DIÄT

Unsere Vorfahren würden keinerlei Verständnis für unsere Obsession mit Diäten, Clean Eating und anderen „Ernährungsreligionen" aufbringen. Sie hatten ein sehr viel ungezwungeneres Verhältnis zum Essen. „Von allem etwas und alles in Maßen." Einfach intuitiv essen.

Kochen nach Saison

Am günstigsten und gesündesten essen wir, wenn wir wie Granny kochen: Und zwar mit dem, was momentan Saison hat. Tun wir einfach mal eine Weile so, als würden wir in früheren Zeiten leben. Was hätte Großmutter früher im Winter gekocht? Was steht mir in der kalten Jahreszeit zur Verfügung, das meiner Urgroßmutter vor 100 Jahren im Winter zur Verfügung gestanden hat? Mehr, als man denken mag: Kartoffeln, Kohl, Eingewecktes, Wurzelgemüse, Äpfel, Birnen, Dörrobst, diverses Fleisch, Sauerkraut, Bohnen, Getreide, Milch und Milchprodukte. Eine ganze Menge, aus der ein geschickter Homemaker Nahrhaftes und Leckeres herstellen kann. Ideen findest du z. B. bei meinen Winterrezepten (ab S. 106).

Alle folgenden Rezepte sind für ca. 4 Personen ausgelegt.

Frühjahr

BRENNNESSELSPINAT

Im Frühjahr sammelten wir früher die frischen Triebe der Brennnesseln. Daraus kochte meine Mutter einen köstlichen Spinat, den sie mit Pellkartoffeln und Spiegeleiern servierte. Auch heute ist das ein gesunder Hit auf unserem Frühlingsesstisch.

- **8-10 Hände voller Brennnesselblätter**
  Wichtig: Bitte sammle die Brennnesseln nur an Stellen, die von Hunden, Autos und Pestizideinsatz weit entfernt sind.
- **1 Zwiebel**
- **2 EL Butter**
- **Salz**
- **Peffer**
- **Muskat**
- **Evtl. Gemüsebrühe**
- **1 Becher süße Sahne**

Die Brennnesselblätter fein hacken. Gewürfelte Zwiebeln in Butter glasig dünsten. Die Brennnesseln zugeben und 10 Minuten unter gelegentlichem Rühren dünsten. Mit Salz, Pfeffer, Muskat und Gemüsebrühe abschmecken. Bei Bedarf zum Verfeinern etwas Sahne hinzugeben.

URGROSSMUTTERS SPARGELSALAT

Dieses Rezept wurde mir ohne Mengenangaben überliefert. In der Küche meiner Großmütter wurde wenig mit genauen Maßen gearbeitet, stattdessen viel mit Gefühl und Erfahrung.

- **ein kleines Bündel weißen oder grünen Spargel (oder gemischt)**
- **Essig, Öl, Salz, Zucker, Pfeffer, Schnittlauch**

Weißen Spargel schälen. Der grüne Spargel kann ungeschält verwendet werden. Die holzigen Enden abschneiden und den Rest in 4-5 cm lange Stücke schneiden. In einen Topf geben, knapp mit Wasser bedecken, nach Belieben Salz und eine Prise Zucker zugeben und langsam bei geringer Hitze weich kochen.

Vom Herd nehmen (nicht abgießen!), mit Essig, Öl und frisch gemahlenem Pfeffer abschmecken. Der Salat muss warm sehr kräftig schmecken.

Dann abkühlen und mindestens sechs Stunden lang durchziehen lassen. Anschließend nochmals abschmecken und ggf. nachwürzen. Mit Schnittlauchröllchen bestreuen und genießen.

WILDKRÄUTERSUPPE

Nach einem langen Winter sind wir nährstoffberaubt und sehnen uns nach frischem Grün. Das Schöne an diesem Rezept: Man kann genau das verwenden, was an essbaren Kräutern vor der Haustür wächst. Am einfachsten lassen sich Brennnessel, Löwenzahn, Sauerampfer, Gänseblümchenblätter, Wegerich und Knoblauchsrauke erkennen und verwenden. Kinder helfen gerne beim Sammeln. Und lernen so ganz nebenbei einheimische Wildkräuter kennen.

- **150 g gemischte Wildkräuter**
  (Scharbockskraut, Bärlauch, Sauerampfer, Brennnesseln, Schafgarbe, Löwenzahn, Vogelmiere, Knoblauchsrauke, Gänseblümchenblätter und -blüten, Spitzwegerich etc.)
- **3 EL Butter**
- **3 EL Mehl**
- **1 l kräftige Gemüsebrühe**
- **125 g Sahne**
- **Salz, Pfeffer**

Wildkräuter verlesen, waschen und abtropfen lassen. Im Suppentopf die Butter bei mittlerer Hitze aufschäumen lassen, das Mehl einrühren und hellgelb anrösten. Unter Rühren die Brühe langsam aufgießen und offen bei schwacher Hitze ca. 10 Minuten sanft kochen lassen. >

Die Kräuter hacken und in die Suppe rühren, Sahne dazugießen. Suppe nach Bedarf salzen, pfeffern und noch einmal aufkochen lassen. Mit dem Pürierstab kurz durchmixen. Sofort servieren. Lecker mit Croutons!

NUDELN MIT DICKEN BOHNEN

Dicke Bohnen – auch als Sau- oder Puffbohnen bekannt – haben bereits zeitig im Frühjahr Saison. Lange waren sie in Vergessenheit geraten, erleben jetzt aber ein Comeback. Besonders lecker sind sie in Kombination mit Nudeln! Falls du keine Dicken Bohnen bekommst oder im Garten stehen hast, kannst du Erbsen verwenden.

- **500 g Nudeln (z. B. Bandnudeln, Fussili, Penne etc.)**
- **1 Zitrone, geschält und geviertelt**
- **2 Lorbeerblätter**
- **300 g Dicke Bohnen oder auch frische Erbsen**
- **eine Handvoll Salbeiblätter**
- **6 EL Frischkäse oder Ricotta**
- **Olivenöl**
- **Salz, Pfeffer**
- **Parmesan**

Einen Topf Wasser aufstellen und zum Kochen bringen. Nicht salzen. Die Schoten der frischen Bohnen aufbrechen und die Kerne herausholen. Diese 8-10 Minuten kochen, kalt abschrecken. Anschließend die Kerne aus ihrer Hülse drücken.

Reichlich Salzwasser mit der Zitrone und 2 Lorbeerblättern zum Kochen bringen. Die Nudeln darin al dente kochen, abgießen und etwas Nudelwasser zurückbehalten.

Jetzt im Nudeltopf etwas Olivenöl erhitzen und den gehackten Salbei sowie die Bohnen kurz andünsten. Den Frischkäse und einige Esslöffel Nudelwasser hinzugeben und die Soße mit Salz und Pfeffer abschmecken. Die Nudeln untermengen und nach Belieben noch mit Olivenöl und einigen Spritzern Zitronensaft verfeinern. Mit Parmesanspänen servieren.

Sommer

GAZPACHO

Dieses Rezept ist für sehr heiße Tage geeignet. Mit Eiswürfeln serviert ist diese kalte, spanische Suppe äußerst erfrischend und trotzdem sättigend. Die Mengenangaben können variiert werden, je nach Lust und Geschmack oder je nachdem, was der Garten hergibt.

- **1 kg Tomaten**
- **½ Zwiebel**
- **1 Salatgurke**
- **1 Paprikaschote**
- **2 Zehen Knoblauch**
- **15 EL Balsamico- oder Weinessig**
- **6 EL Olivenöl**
- **4 Scheiben altbackenes Weiß- oder Toastbrot**
- **Salz und Pfeffer**
- **1 Packung passierte Tomaten**
- **½ l Gemüsebrühe**

Das Gemüse putzen und in Stücke schneiden. (Tomaten brauchen nicht geschält zu werden!) Alle Zutaten in eine große, hohe Schüssel geben und mit einem Stabmixer pürieren. Das Toastbrot (bei Weißbrot vorher die Rinde entfernen) zugeben und mitpürieren, es dient der Bindung. Am Schluss das Öl bei laufendem Mixer einfließen lassen. Gut verrühren und für mindestens eine Stunde im Kühlschrank durchkühlen lassen.

Wir reichen zur Gazpacho sehr gerne klein geschnittene Gemüsegurke und Fetakäse.

BLUMENKOHL-BRATLINGE

- 250 g Blumenkohl, grob geraspelt (siehe Tipp auf S. 195)
- 100 g Haferflocken
- 1 Ei
- 25 g Sesam
- 50 g Quark
- 100 g Käse, gerieben
- 1 Zwiebel, fein geschnitten
- ½ TL Gemüsebrühe, gekörnt
- Salz und Pfeffer
- Paniermehl
- Öl

Den geraspelten Blumenkohl mit den Haferflocken, dem Käse, Sesam und dem Ei verrühren. Die klein geschnittene Zwiebel in wenig Öl schmoren, bis sie leicht bräunt. Dann mit dem Quark zur Blumenkohlmasse geben. Kräftig würzen und noch einmal gut vermischen. Sollte die Masse zu feucht sein, etwas Semmelbrösel hinzugeben. Den Teig 20 Minuten ziehen lassen.

Anschließend kleine Bratlinge formen, in Paniermehl wälzen und im heißen Öl anbraten. Von jeder Seite bei mittlerer Hitze 5-6 Minuten braten, bis sie goldbraun sind. Lecker auch als vegetarische Burger!

SOMMERGARTENSALAT

Dieses Gericht ersetzt eine ganze Mahlzeit und bietet alles, was ich an guten Salaten liebe: herzhaft, süß, knackig, salzig, aromatisch ...

Salat:

- **1 kleiner Salat deiner Wahl (Kopfsalat, ein Bund Spinat, Frisee, Rucola ...)**
- **1 Tasse Walnüsse**
- **½ EL Ahornsirup**
- **eine Prise Salz**
- **15 frische Erdbeeren, geviertelt**
- **120 g Ziegenkäse oder Feta**

Dressing:

- **3 EL Olivenöl**
- **2 EL Balsamicoessig**
- **1 EL Ahornsirup oder Agavendicksaft**
- **1 EL gehackte Zitronenmelisse**
- **1 TL Senf**
- **Salz**
- **Pfeffer**

Die Zutaten für das Dressing in ein leeres Marmeladenglas mit Deckel geben, kräftig schütteln.

Jetzt die Walnüsse glasieren: Die Nüsse in eine Pfanne geben und sie bei mittlerer bis hoher Hitze rund 5 Minuten lang rösten. Regelmäßig bewegen, damit sie nicht anbrennen. Mit einer Prise Salz bestreuen. Wenn die Nüsse ihr Röstaroma verströmen, den Ahornsirup dazugeben. Die Hitze sofort reduzieren und dabei stetig eine weitere Minute rühren. Vom Herd nehmen und abkühlen lassen. Die Nüsse können sich anfangs noch klebrig anfühlen, aber keine Sorge: Sie trocknen noch.

Den Salat waschen, abtropfen lassen und die Blätter in mundgerechte Happen zerteilen. In eine Schüssel geben. Darauf dann die Erdbeeren, den Käse und die Nüsse verteilen. Das Dressing darübergeben.

ZUCCHINISCHNITTEN

Ein Gericht meiner Kindheit! Am liebsten esse ich die Schnitten kalt. Und mit viel Salat. Wenn Zucchinis Saison haben, kommt dieses Essen jede Woche auf den Tisch. Bisher hat sich noch nie jemand beschwert.

- 750 g Zucchini
- 1 EL Salz
- 1 Zwiebel
- 2 Knoblauchzehen
- 3 El Öl
- 250 g mittelalter Gouda
- 5 Eier
- 3 Bund Schnittlauch
- 50 g Semmelbrösel
- Pfeffer
- 25 g Butter

Zucchini waschen und grob raspeln, mit Salz mischen und in einem Durchschlag 3 Minuten lang Wasser ziehen lassen, danach in einem Mulltuch ausdrücken. Inzwischen Zwiebel in feine Streifen schneiden. Knoblauch pellen und fein hacken. 2 EL Öl in einer großen Pfanne erhitzen, Zwiebeln und Knoblauch 3 Minuten dünsten. Zucchini zugeben und unter Wenden 5 Minuten schmoren, auf einem Backblech ausgebreitet abkühlen lassen.

Käse reiben, Eier verquirlen, den Schnittlauch in Röllchen schneiden. Zwei Drittel vom Käse, die Eier, Schnittlauch und die Hälfte der Semmelbrösel vermischen, herzhaft pfeffern, dann die Zucchini untermischen. Eine Auflaufform mit 1 EL Öl auspinseln, die Mischung hineingeben und glattstreichen. Zuerst den restlichen Käse, dann die restlichen Semmelbrösel darüberstreuen. Butter in Flöckchen daraufsetzen. Bei 200 Grad auf der mittleren Schiene 30 Minuten lang backen. Heiß oder lauwarm servieren. Dazu passt ein grüner Salat.

Herbst

SPINAT-BIRNEN-GORGONZOLA-LASAGNE

Dieses Gericht habe ich zum ersten Mal in der Schweiz gegessen und daheim sofort nachgekocht. Ein Traum! Wenn im Herbst Birnen Saison haben und in kühler Witterung noch mal Spinat im Garten wächst, sollte man sich diese Lasagne gönnen.

- **200 g frischer Spinat**
- **3-4 große Birnen**
- **ca. 15 Lasagneblätter**
- **200 g Gorgonzola**
- **600 ml Milch**
- **3 EL Butter**
- **3 EL Mehl**
- **Salz und Pfeffer**

Zuerst die Bechamelsoße kochen: Butter in einem Topf über mittlerer Hitze schmelzen, Mehl unterrühren und mit dem Schneebesen rühren und kurz dünsten. Topf von der Platte nehmen und Milch dazugeben. Unter ständigem Rühren langsam aufkochen und darauf achten, dass keine Klümpchen entstehen. Den Gorgonzola dazugeben, schmelzen lassen. Mit Salz und Pfeffer nach Geschmack würzen.

Die Birnen schälen und in dünne Scheiben schneiden. Den Spinat gründlich waschen und klein schneiden.

Nun geht es bereits ans Einschichten: In eine eingefettete Auflaufform zuerst etwas Bechamelsoße geben und auf dem Boden verteilen. Dann eine Lage Lasagneblätter einschichten. Darauf wieder etwas Bechamelsoße verteilen. Dann eine Schicht Birnen, gefolgt von Spinat. Mit Lasagneblättern abdecken. Diesen Schritt so lange wiederholen, bis Birnen und Spinat aufgebraucht sind und von der Soße noch ein Rest übrig ist. Mit Lasagneblättern abschließen und diese mit dem Soßenrest bedecken. Bei 200 Grad für 35-45 Minuten backen.

KÜRBIS-APFEL-GALETTE

Kürbis und Apfel sind ein herbstliches Dreamteam. Sie schmecken als würzige Suppe, aber auch als unkomplizierte Galette.

Für den Teig:

- 300 g Mehl (150 g Dinkel-, 150 g Dinkelvollkornmehl)
- 150 g kalte Butter
- 3-4 EL eiskaltes Wasser
- 1 Ei
- 1 TL Salz

Für die Füllung:

- ½ Hokkaido-Kürbis
- 1 Apfel
- 1 rote Zwiebel
- 100 g Schmand
- 3 EL Kürbiskerne
- 1 Zweig Thymian
- Salz und Pfeffer

Mehl und Salz in eine Schüssel füllen. Die Butter in kleinen Stücken dazugeben und kurz unterkneten. Das Ei und Wasser hinzugeben und zügig durchkneten. Den Teig zu einer Kugel formen und für eine Stunde kalt stellen.

Kürbis und Apfel waschen. Beide entkernen und in feine Streifen schneiden. Zwiebel schälen und ebenfalls in feine Streifen schneiden.

Den Teig auf einer bemehlten Arbeitsfläche (oder am besten direkt auf der Backfolie) so ausrollen, dass er einen Kreis ergibt. (Er muss nicht perfekt sein!) Der Boden sollte nicht dicker als ca. 5 mm sein. Den Schmand bis ca. 5 cm vor den Rand auf dem Teig verteilen. Anschießend Kürbis, Zwiebel und Apfel auf dem Schmand verteilen. Nach Belieben salzen und pfeffern. Die Kürbiskerne und Thymianblättchen über die Füllung streuen. Den freigebliebenen Teigrand nach innen falten.

Auf das Backblech geben und bei 190 Grad ca. 40 Minuten lang backen.

GRIESSFLAMMERI MIT ZWETSCHGENKOMPOTT

Ein günstiges Essen, das Erwachsene und Kinder zugleich beglückt und die Seele wärmt.

- **3 Eier**
- **500 ml Milch**
- **100 g Zucker**
- **etwas Zitronenabrieb**
- **1 Prise Salz**
- **80 g Grieß**

Für das Zwetschgenkompott:

- **250 g Zwetschgen**
- **30 g Zucker**
- **50 ml Wasser oder Rotwein (oder beides gemischt)**
- **1 Zimtstange**

Die Eier trennen. 2 EL von der Milch in einer kleinen Schüssel mit dem Eigelb verquirlen. Das Eiweiß mit 50 g des Zuckers steif schlagen. In der Zwischenzeit die Milch mit dem Grieß, dem Zitronenabrieb, dem Salz und dem restlichen Zucker langsam aufkochen. Auf niedrigster Stufe 10 Minuten quellen lassen. Dann vom Herd nehmen und die Eigelb-Milch-Mischung zügig unterrühren.

Das Eiweiß unter die Grießmasse heben. In eine Schüssel füllen und für ca. 2 Stunden kalt stellen.

Die Zwetschgen entkernen und halbieren. Mit allen Zutaten in einem Topf zum Kochen bringen und 10 Minuten unter gelegentlichem Umrühren einkochen.

Das Flammeri mit warmem oder kaltem Kompott reichen.

Winter

KAROTTEN-BOHNEN-SALAT

Lass dich von dem langweiligen Namen nicht täuschen. Dieser Salat ist ein Geschmackserlebnis!

- **4 EL Olivenöl**
- **3 EL frisch gepresste Zitrone**
- **1 EL Ahornsirup oder flüssiger Honig**
- **¼ TL Salz**
- **etwas extra Öl zum Braten**
- **1 kleine rote Zwiebel, fein gehackt**
- **10 Möhren**
- **400 g Cannellini-Bohnen aus der Dose**
- **1 EL getrockneter oder frischer Dill**
- **100 g gestiftelte Mandeln**

Olivenöl, Zitronensaft, Salz, Zwiebeln und Ahornsirup in eine kleine Schüssel füllen. Gründlich verrühren.

Möhren schälen und in dünne Scheiben schneiden. Eine große Pfanne erhitzen und bei mittlerer Hitze die Möhren in Olivenöl anbraten. Falls die Menge zu groß ist, lieber mehrere Portionen nacheinander braten, bis die Möhren braun werden und ihre Süße freigeben. Die abgetropften Bohnen hinzugeben und weitere 5 Minuten braten. Nach Bedarf noch etwas Öl nachgießen.

Den Pfanneninhalt in eine große Schüssel geben. Das Dressing unterheben. In der Zwischenzeit die Mandelstifte in der Pfanne vorsichtig goldbraun rösten. Den Salat abschmecken, bei Bedarf noch mehr Zitrone, Salz oder Ahornsirup zugeben. Mit Mandeln und dem Dill bestreuen und servieren.

WIRSING-TORTE

An manchen Tagen muss es schnell gehen. Deshalb greife ich hier auf fertigen Blätterteig zurück, den ich in der Gefriertruhe auf Vorrat habe. Man kann statt des Spitzwirsings auch normalen Wirsing oder Spitzkohl verwenden.

- **1 Spitzwirsing**
- **1 Zwiebel**
- **1 EL Schweineschmalz oder Butter**
- **1 Packung fertiger Blätterteig**
- **50 g gewürftelter Speck**
- **3 Eier**
- **150 ml Milch**
- **100 ml Sahne**
- **150 g geriebener, kräftiger Käse**
- **125 ml Weißwein**
- **1 Prise Zucker**
- **1 Prise Muskatnuss**
- **Salz und Pfeffer**

Die äußeren Blätter und den Strunk des Wirsings entfernen, den Rest vierteln und in feine Streifen schneiden. Zwiebel schälen und in kleine Würfel schneiden.

Schweineschmalz oder Butter in einem großen Topf erhitzen. Zuerst den Speck anbraten, dann Wirsing und Zwiebeln kurz darin anschwitzen. Den Wein hinzugeben und im geschlossenen Topf dünsten (ggf. etwas Wasser zugeben).

Mit Muskat, Zucker, Salz und Pfeffer abschmecken und auskühlen lassen.

Den Blätterteig in einer Springform auslegen. Dabei einen Rand hochziehen. In einer Schüssel Milch, Sahne, Eier und Käse gut miteinander verrühren und mit Salz und Pfeffer abschmecken.

Die Eier-Milch-Käsemischung über den Wirsing geben und gut vermischen. Die Masse in die Springform geben und bei 180 Grad etwa 40 Minuten backen.

HÜHNERSUPPE

Dieser Klassiker schmeckt nicht nur, sondern hilft nachweislich bei Erkältungen und grippalen Infekten.

- **1 küchenfertiges Bio-Suppenhuhn**
- **1 Bund Suppengrün**
- **2 Lorbeerblätter**
- **5 Pfefferkörner**
- **3 Möhren**
- **300 g TK-Erbsen**
- **200 g Suppennudeln**
- **Pfeffer**
- **Salz**
- **½ Bund Petersilie**

Das Suppengrün putzen, waschen, nach Bedarf schälen und würfeln. Das Huhn gründlich unter fließendem Wasser waschen und in einen großen Topf geben. Das Suppengrün, die Lorbeerblätter und die Pfefferkörner hinzugeben. Mit kaltem Wasser bedecken und ½ TL Salz hinzugeben. Aufkochen lassen und dann bei niedriger Hitze 90 Minuten köcheln lassen. Hin und wieder den entstehenden Schaum abschöpfen.

Das Huhn aus der Suppe nehmen, abkühlen lassen, das Fleisch von Haut und Knochen lösen und in Würfel schneiden. Die Brühe durch ein engmaschiges Sieb gießen. Das Suppengrün entsorgen, Knochen und Haut zurückbehalten für eine weitere Brühe (Seite 135). Die Möhren in der Suppe ca. 5 Minuten lang köcheln, dann die Erbsen und Nudeln weitere 5 Minuten mitkochen.

Zum Schluss das Hühnerfleisch in die Suppe geben und mit Salz und Pfeffer abschmecken. Petersilie waschen, trocken schütteln und hacken. Die Suppe vor dem Servieren mit der Petersilie bestreuen.

RINDER-GEMÜSE-EINTOPF

Im Winter kann man nicht genug Suppen und Eintöpfe essen. Deshalb gleich noch einen weiteren Eintopf-Klassiker. Eine Freundin bat darum. Sie meinte: „Keiner in meinem Freundeskreis kann mehr einen Eintopf kochen." Nun, das ändern wir hiermit. Eintöpfe sind vielseitig, nahrhaft und ideal, um Reste zu verwerten. Du kannst diese Suppe beliebig abwandeln, z. B. ohne Fleisch. Dann lasse auch die Knochen weg und nimm als Basis Gemüsebrühe. So bekommst du einen seelenwärmenden Gemüse-Eintopf.

- **500 g Suppenfleisch vom Rind**
- **einige Markknochen**
- **½ Knoblauchzehe**
- **2 l Wasser**
- **Salz**
- **5 Zweige Thymian**
- **Gemüse** (Nutze, was du vorrätig hast – es passen auch Bohnen, Zucchini, Kohlrabi, Erbsen, Mais etc.)
- **2 Zwiebeln**
- **250 g Möhren, geschält**
- **2 Petersilienwurzeln oder Pastinaken**

- **½ Knolle Sellerie**
- **2 Stangen Lauch**
- **300 g Weiß- oder Spitzkohl**
- **2-4 Kartoffeln, geschält**
- **Petersilie**
- **Pfeffer**

Das Wasser in einen großen Topf füllen. Die Knochen waschen und in das kalte Wasser legen. Salzen und langsam zum Kochen bringen. Das Fleisch waschen, trocken tupfen und mit der halbierten Knoblauchzehe gründlich einreiben. Zwiebeln schälen, halbieren und mit dem Thymian und Fleisch in die Brühe geben. Eine Stunde lang zugedeckt auf niedriger Stufe köcheln lassen. Das Gemüse vorbereiten, ggf. schälen. Möhren, Petersilienwurzeln oder Pastinaken und Kartoffeln würfeln. Den Sellerie fein würfeln. Den Lauch und Kohl in feine Streifen schneiden. Wenn das Fleisch gar ist, herausnehmen, etwas abkühlen lassen und würfeln. Wieder in die Suppe geben und eine halbe Stunde köcheln. Das Gemüse zugeben und eine weitere Viertelstunde mitkochen.

Die Knochen aus der Brühe entfernen. Mit reichlich gehackter Petersilie und Pfeffer abschmecken.

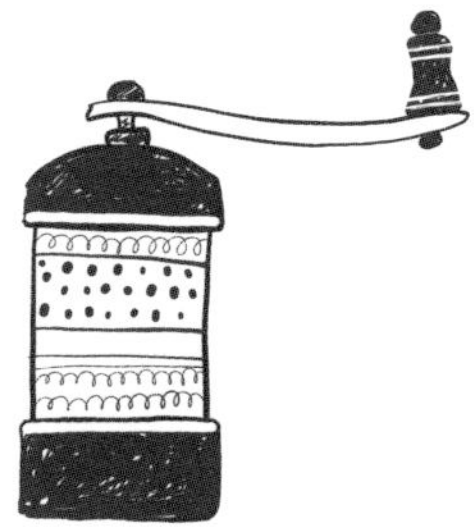

Supergünstige Gerichte

Günstig essen bedeutet nicht, dass man schlecht essen muss. Hier drei Vorschläge:

INDISCHES DHAL

- 250 g rote Linsen
- 1 TL Kurkuma
- 1 TL Kreuzkümmel
- 1 Zwiebel
- Salz und Pfeffer
- Öl zum Braten
- Frischer Koriander und gekörnte Gemüsebrühe nach Belieben

800 ml Wasser in einen Topf füllen. Die Linsen hinzugeben und zum Kochen bringen. Kurkuma unterrühren. Ca. 15 Minuten bei geringer Hitze köcheln lassen. Die Linsen sind gar, wenn sie zerfallen sind und die Konsistenz einer dicken Suppe haben. Mit Salz und Pfeffer abschmecken. Evtl. noch etwas gekörnte Gemüsebrühe hinzufügen.

In der Zwischenzeit die Zwiebeln in feine Ringe schneiden und das Öl in einer Pfanne erhitzen. Den Kreuzkümmel auf mittlerer Hitze für eine halbe Minute rösten. Dann die Zwiebeln hinzugeben und 5-10 Minuten lang braten, bis sie eine hellbraune Farbe angenommen haben. Die Zwiebeln auf das fertige Dhal geben. Ein paar Minuten ruhen lassen. Mit gehacktem Koriander garniert servieren. Dazu schmecken Reis und Naturjoghurt.

KOHLRABISCHNITZEL

- 2 große Kohlrabi
- 1 Ei
- Salz und Pfeffer
- 100 g Paniermehl
- 100 g Mehl
- Öl zum Braten

Die Kohlrabis schälen, holzige Stellen entfernen und in 1 cm dicke Scheiben schneiden. In einem Topf ausreichend Wasser zum Kochen bringen. 1 EL Salz hinzufügen. Die Kohlrabischeiben ca. 4 Minuten darin köcheln, bis sie weich sind. Abtropfen lassen.

Auf je einem Teller das verquirlte Ei mit Salz und Pfeffer, das Mehl und Paniermehl bereitstellen.

Das Öl in der Pfanne erhitzen. Je eine Scheibe Kohlrabi zuerst im Mehl wenden. Anschließend im Ei und dann im Paniermehl. Von beiden Seiten in der Pfanne goldbraun braten.

Dazu passen Gurkensalat und Kartoffelbrei.

KARTOFFELPUFFER MIT APFELMUS

- 12 große Kartoffeln
- 3 Zwiebeln
- 8 EL Mehl
- 2 Eier
- Salz und Pfeffer
- Öl zum Braten

Rohe Kartoffeln schälen und auf einer Reibe reiben. Mit Salz und Pfeffer würzen. Zwiebel fein würfeln und mit den Eiern zu den Kartoffeln geben. Mit so viel Mehl bestäuben, dass die Kartoffelmasse bedeckt ist (kann mehr oder weniger als 8 EL sein). Alles ordentlich miteinander verrühren.

Reichlich Öl in einer großen Pfanne erhitzen und die Puffer darin auf beiden Seiten backen, bis sie beginnen zu bräunen. Auf Küchenpapier abtropfen lassen und mit Apfelmus servieren.

Fertiggerichte

Nichts gegen Fertiggerichte! Sie können Leben retten oder den Tag oder die eigenen Nerven. Ich denke an die aufreibende Zeit unserer Hausrenovierung: Zwischen Streichen und Behördengängen und Baumarktbesuchen und Kindern blieb kaum Zeit zum Kochen. Schnell musste es gehen und wenig Abwasch verursachen. Manche haben Freunde und Familie, die einen in diesen Lebensengpässen kochend unterstützen. Ich hatte das nicht und deshalb griff ich zurück auf a) den gelegentlichen Pizzaservice, b) auf die einfachsten Blitzrezepte wie Pfannkuchen mit Apfelmus oder Pellkartoffeln mit Quark oder c) auf selbst gemachte Fertiggerichte.

Selbst gemachte Fertiggerichte sind ganz oft Reste, die ich eingefroren habe. Wer vorausschauend kocht, der bereitet die doppelte Menge zu und friert diese dann ein für „Notzeiten". Oder er bereitet ganz bewusst ein paar Gerichte vor, auf die er dann zurückgreifen kann. Wie z. B. diese geniale ...

TORTELLINISUPPE IM GLAS

Du brauchst: ein großes Einmachglas mit Bügel oder ein vergleichbar großes Glas mit Verschluss.

Zutaten für 4-6 Personen
Ins Glas:

- 50 g Hirse
- 2 TL Curry
- 1 TL Knoblauchpulver
- ½ TL Paprika edelsüß
- 1 EL gekörnte Gemüsebrühe
- 100 g rote Linsen
- ½ TL Salz
- etwas Pfeffer
- 1 ½ EL getrocknete Zwiebeln
- 250 g getrocknete Tortellini mit Füllung deiner Wahl

Zum Kochen brauchst du noch:

- **1 Dose Tomaten, gehackt**

Optional:

- **1 Schuss Sahne, gehacktes Basilikum, Parmesanspäne zum Servieren**

Schichte alle Zutaten in das Glas und verschließe es fest. Am besten bereitest du gleich mehrere Gläser vor, sodass du immer eines griffbereit hast.

Wenn du die Suppe kochen willst, dann gehst du vor wie folgt:

Fülle den Inhalt des Glases in einen Topf zusammen mit den Tomaten und 1,5 Litern Wasser. Bring alles zum Kochen und lass die Suppe ca. 15 Minuten köcheln, bis alle Zutaten gar sind. Abschmecken und ggf. noch etwas Sahne und Basilikum zugeben.

KOKOS-LINSEN-SUPPE IM GLAS

Ins Glas:

- 130 g rote Linsen
- 130 g gelbe Linsen
- 1 EL Curry
- 1 EL getrocknete Zwiebeln
- 1 EL getrockneter Knoblauch
- Pfeffer oder Chiliflocken nach Belieben
- 1 EL gekörnte Gemüsebrühe

Zum Kochen brauchst du:

- 1 Liter Wasser, 1 Dose Kokosmilch
- Optional: Limettensaft, Koriander

Schichte alle Zutaten in ein Glas mit Schraubverschluss.

Kochvorgang: Die Zutaten in einem Topf mit dem Wasser und der Kokosmilch zum Kochen bringen. 15-20 Minuten köcheln lassen, bis die Linsen weich sind. Nach Belieben mit Gemüsebrühe, Limettensaft und frischem Koriander abschmecken.

Backen

Backen verbindet uns wie kaum eine andere Tätigkeit mit unseren Vorfahren: Ob es das saftige Sauerteigbrot ist, an dessen Rezeptur sich seit Jahrhunderten kaum etwas geändert hat, oder die Weihnachtsplätzchen, wie Omi sie früher immer gebacken hat, oder der Streuselkuchen, der die Sonntagstafel unserer Kindheit zierte. Die besten Brote und Kuchen brauchen weder exotische Zutaten noch eine ausgefeilte Technik. Nur Liebe und Zeit. Es gibt kaum etwas Tröstlicheres, als vom Duft gebackenen Brotes gegrüßt zu werden, wenn man ein Haus betritt. Kurz: So riechen Heimat und Geborgenheit.

Lassen wir mal den nostalgischen Faktor zur Seite und sehen uns die nackten Fakten an. Sie sprechen fürs Selberbacken. Brot und Kuchen aus dem eigenen Ofen sparen dir auf Dauer gesehen bares Geld. Ein Beispiel: Für einen Laib Biobrot beim Bäcker zahle ich ca. 4-5 Euro. Für ein Biobrot, welches ich daheim backe, zahle ich ca. 1 Euro. Ein Brot, das ich mit herkömmlichem Mehl backe, ist noch billiger: ca. 65 Cent. Bei einem Biobauern kaufe ich einmal im Jahr 40 Kilo Dinkel, der günstiger ist als im Handel. Davon mahle ich das Mehl, welches ich für unser Brot und Gebäck benötige.

Keine Angst vor Hefeteig! Mancher scheut sich vor der Herstellung eines Hefeteigs. Beachte diese Tipps und du wirst merken, dass dies keine Raketenwissenschaft ist:

- Verwende wenn möglich immer Frischhefe. Je älter die Frischhefe ist, desto weniger Triebkraft besitzt sie.
- Den Teig gründlich kneten. Teig mit Weizenmehl braucht etwas länger als mit Dinkelmehl.
- Der Teig ist fertig, wenn er nicht mehr an den Händen oder am Teighaken kleben bleibt. Die Oberfläche sollte glänzend glatt sein. Wenn du ihn sanft auseinanderziehst, dann darf

er nicht reißen, sondern soll eine durchgängige Teigfläche ergeben.
- Idealerweise geht der Teig am besten bei ca. 40 Grad auf. Aber meistens reicht es, den Teig in die Nähe einer warmen Heizung oder des Ofens zu stellen.

KARTOFFELSCHWEINCHEN (CA. 30 STÜCK)

Dieses Rezept hat meine Großmutter auf dem Buchdeckel eines Kochbuches aus den 30er-Jahren notiert. Ich habe es aus purer Neugier ausprobiert. Meine Kinder und ich waren begeistert! Frisch schmecken sie am besten.

- **40 g Hefe**
- **¼ l Milch**
- **2 EL Zucker**
- **500 g Mehl**
- **500 g Kartoffeln (ca. 5 große Kartoffeln)**
- **3 Eier**
- **1 Prise Salz**
- **Frittierfett**

Kartoffeln schälen und weichkochen, dann stampfen und sämig rühren oder durch eine Presse geben. Abkühlen lassen. Die Milch handwarm erwärmen und die Hefe darin auflösen. Die Eier trennen und das Eiweiß steif schlagen. (Wenn du das Rezept halbierst, dann nimm 2 Eier.) Nun alle Zutaten bis auf das Eiweiß verkneten. Am Ende das Eiweiß vorsichtig unterheben. Den Teig an einem warmen Ort ca. 30 Minuten gehen lassen.

In einem großen Topf das Frittierfett heiß werden lassen. Es sollte ca. 3-4 cm hoch den Boden bedecken. Mit zwei Esslöffeln längliche Klöße abstechen und formen und im Fett so lange braten, bis sie von allen Seiten goldbraun sind.

Warm servieren mit Zimtzucker und Kompott.

STREUSELKUCHEN MIT OBST

Mit diesem Klassiker macht man eine ganze Großfamilie satt. Und sehr, sehr glücklich. Die Reste kann man sehr gut einfrieren.

Zutaten für ein Backblech:

- **375 g Mehl**
- **125 ml lauwarme Milch**
- **20 g Hefe**
- **50 g Butter**
- **50 g Zucker**
- **1 Ei**
- **1 Prise Salz**

Belag:

- **1 ½ kg Obst wie Äpfel, Zwetschgen, Rhabarber, Kirschen oder Heidelbeeren.**
- **3 EL Semmelbrösel bei sehr saftigem Obst**
- **gehackte Mandeln und Rosinen nach Belieben**

Streusel:

- **400 g Mehl**
- **150 g Zucker**
- **1 TL Zimt**
- **200 g Butter oder Margarine**

Die Zutaten für den Teig gut miteinander verkneten. Anschließend eine Stunde in einer abgedeckten Schüssel an einem warmen Ort gehen lassen. In der Zwischenzeit das Obst vorbereiten: Äpfel schälen, entkernen und in Scheiben schneiden. Zwetschgen und Kirschen entsteinen.

Die Streusel herstellen: Alle Zutaten in eine Schüssel geben und mit den Händen so lange locker durchkneten, bis sich Streusel bilden.

Den gegangenen Teig auswellen und auf das gefettete Blech geben. Bei Obst, das beim Backen viel Saft abgibt, den Teig mit den Semmelbröseln bestreuen. Nun das Obst darauf verteilen. Nach Belieben mit gehackten Mandeln und Rosinen bestreuen. Die Streusel auf dem Kuchen verteilen und bei 200 Grad Ober-/Unterhitze 20-30 Minuten backen.

BUTTERKUCHEN À LA ILSE

Ich kenne Ilse nicht. Aber ihre Schwiegertochter. Die hat mal zu einem Fest diesen Butterkuchen mitgebracht. Er ist so köstlich, dass ich ihn regelmäßig backen muss.

Für den Teig:

- **500 g Mehl**
- **250 ml Milch**
- **40 g Zucker**
- **½ TL Salz**
- **40 g Butter**
- **40 g Öl**
- **½ Würfel Frischhefe**

Für den Belag:

- **125 g Butter**
- **170 g Zucker**

400 g Mehl in eine Schüssel geben, in der Mitte eine Vertiefung formen und dort die Hefe hineinkrümeln. Die Hälfte des Zuckers darübergeben und an den Rand das Salz. Mit etwas lauwarmer Milch die Hefe mit dem Zucker verrühren.

Den Vorteig zugedeckt an einen warmen Ort stellen und dort so lange gehen lassen, bis er Blasen wirft.

Die restlichen Zutaten unterrühren. Nochmals eine Stunde gehen lassen.

Den Teig ausrollen und das restliche Mehl zugeben, falls erforderlich. (Nach Gefühl!) Auf dem Blech nochmal eine halbe Stunde an einem warmen Ort gehen lassen.

Butterflöckchen auf dem Teig verteilen, eine Prise Salz darauf geben. Den Zucker gleichmäßig darüber streuen.

Bei 225 Grad für ca. 10-12 Minuten backen.

***Grannys Tipp:** Du musst den Backofen nicht vorheizen. Für die meisten Backvorgänge ist das Vorheizen pure Energieverschwendung. Lediglich Souffles, Brandteig, Biskuitteig und manche Brotrezepte benötigen einen heißen Ofen. Den Ofen erst anzuschalten, wenn der Kuchen im Ofen ist, kann bis zu 20 Prozent Energie einsparen. Entsprechend muss man bei manchen Rezepten die Backzeit etwas verlängern.*

MILCH-ROSINENBRÖTCHEN

Diese weichen Brötchen backe ich gerne auf Vorrat und habe immer welche in der Gefriertruhe. Sie sind beliebt als Pausensnack, bei Ausflügen und als Sonntagsfrühstück.

Zutaten für 12 Brötchen:

- **600 g Mehl**
- **1 Würfel frische Hefe**
- **60 g Zucker**
- **1 Vanillezucker**
- **250 ml lauwarme Milch**
- **2 Eier**
- **100 g weiche Butter**
- **½ TL Salz**
- **Rosinen nach Belieben**

Die Hefe zerbröckeln und mit 1 TL des Zuckers in 50 ml der lauwarmen Milch auflösen. Das Mehl in eine Rührschüssel füllen und in die Mitte eine Mulde drücken. Die Hefemilch hineingießen und mit etwas Mehl zu einem Vorteig verrühren.

Mit einem sauberen Geschirrtuch abgedeckt an einem warmen Ort 25 Minuten gehen lassen. Die Eier trennen. Die restliche Milch, den Zucker, das Salz, das Eigelb und die Butter zum Vorteig geben und alles mit dem Knethaken des Rührgeräts zu einem glatten Teig verarbeiten.

Erneut abdecken und an einem warmen Ort 1 Stunde gehen lassen, bis sich das Teigvolumen verdoppelt hat. Den Teig erneut kurz durchkneten, nun nach Belieben Rosinen einarbeiten. Den Teig in 12 gleich große Portionen teilen und jede zu einer glatten Kugel formen. Nebeneinander auf ein Backblech legen. Das Eiweiß verquirlen und die Brötchen damit einpinseln. Bei 180 Grad Ober-/Unterhitze etwa 20-25 Minuten backen, bis die Milchbrötchen goldbraun sind.

BISKUITROLLE

Ein sehr einfaches Rezept, das vor allem im Sommer hervorragend schmeckt. Mehr Heimatgefühle gehen nicht als bei diesem Kuchen.

Teig:

- **6 Eier**
- **1 Prise Salz**
- **100 g Zucker**
- **100 g Mehl**
- **1 Messerspitze Backpulver**

Füllung:

- **2 Becher Sahne**
- **350 g Obst wie z. B. Himbeeren, Erdbeeren, Mango, Blaubeeren, Mandarinen, etc.**
- **Zucker nach Belieben**
- **Puderzucker zum Bestäuben**

Eier trennen und das Eiweiß mit dem Salz steif schlagen. In die gleiche Schüssel Mehl, Zucker, Backpulver und Eigelb geben und sofort vorsichtig auf kleinster Stufe umrühren. Die Masse auf ein mit Backpapier oder -folie ausgelegtes Blech (ca. 25 x 30 cm) streichen und im vorgeheizten Ofen ca. 15 Minuten bei 180 Grad backen, bis der Biskuit goldgelb ist.

Danach den Biskuit mit dem Backpapier nach oben aufs Küchentuch legen und auskühlen lassen. Das Backpapier abziehen. Mit der geschlagenen Sahne (nach Belieben mit etwas Zucker süßen) bestreichen und dabei ein paar Zentimeter am Rand freilassen. Mit Obst belegen und von der schmaleren Seite her aufrollen. Mit Puderzucker bestäuben.

VEGANER BLITZAPFELMUSKUCHEN

Ich habe einige Freundinnen, die vegan leben. Wenn sie zu Besuch kommen, dann backe ich ihnen diesen Kuchen. In letzter Zeit backe ich ihn auch ganz ohne Anlass. Einfach weil er unglaublich schnell geht und saftig-lecker ist.

- **350 g Mehl**
- **150 g brauner Zucker**
- **1 ½ TL Backpulver**
- **1 TL gemahlener Zimt**
- **½ TL gemahlene Muskatnuss**
- **¼ TL gemahlene Nelken**
- **½ TL Salz**
- **230 g Apfelmus**
- **120 ml Öl**
- **120 ml Wasser**
- **optional: 100 g gehackte Walnüsse**

In einer Schüssel Mehl, Zucker, Gewürze, Salz und Backpulver vermengen. Apfelmus, Öl und Wasser hinzugeben und rasch verrühren. Nach Belieben gehackte Nüsse unterrühren.

Eine Kastenform (20-25 cm Länge) einfetten, den Teig hineinfüllen und bei 170 Grad Ober-/Unterhitze ca. 55 Minuten backen. Stäbchenprobe machen! Abkühlen lassen und genießen.

EINFACHES TOASTBROT

Vor einiger Zeit durchquerten wir auf einer Fahrt nach Italien die Schweiz und machten bei meiner Freundin Sonja Pause. Sie verwöhnte uns mit einem Frühstück und mir wird für immer das selbst gebackene, saftige Toastbrot in Erinnerung bleiben. Sonja ist nicht nur eine herzliche Gastgeberin, sondern die beste Bäckerin nördlich des Äquators. Sie überließ mir großzügig das Toast-Rezept, welches ich mit dir teilen darf. Meine Kinder lieben dieses Brot. Es eignet sich besonders für süße Aufstriche und macht sich prima als Pausenbrot.

Zutaten für eine Kastenform von 30 cm Länge

- **840 g Mehl** (Ich mische gerne 200 g Dinkelvollkornmehl mit 640 g Weizenmehl Type 550)
- **18 g Salz**
- **10 g Frischhefe**
- **½ TL Zucker oder Backmalz**
- **465 g lauwarmes Wasser**
- **70 g Butter**

Hefe, Salz und Backmalz (oder Zucker) gründlich in das Wasser unterrühren, bis sich alles aufgelöst hat. Anschließend das Mehl hinzugeben und entweder mit der Knetmaschine oder per Hand alles kurz durchkneten. Dann die Butter hinzugeben und weitere 5 Minuten kräftig kneten.

Anschließend den Teig in die gefettete Form geben und mit einem sauberen Geschirrtuch abdecken.

So lange an einem warmen Ort aufgehen lassen, bis der Teig knapp bis 2 cm unterhalb des Randes reicht. Die Backform entweder mit einem passenden Deckel oder einem Stück Alufolie abdecken und bei 240 Grad ca. 40 Minuten backen. (Ohne Abdeckung während des Backens wird die Oberfläche zu dunkel.) Dann sofort aus der Form stürzen.

Snacks

Wenn ich selbst gemachte Snacks im Hause habe, dann bin ich viel weniger in Versuchung, industriell gefertigte Cracker, Chips und Kekse zu kaufen. Das ist gesünder, billiger und definitiv leckerer.

SAUERTEIG-CRACKER

Diese Cracker sind denkbar einfach in der Herstellung und so lecker, dass sie bis zum Abend meistens aufgegessen sind. Besonders gut mit Hummus zum Dippen!

- **160 g Dinkelvollkornmehl**
- **50 ml Olivenöl (oder anderes pflanzliches Öl)**
- **160 g Sauerteig**
- **1 TL Salz**
- **1-2 EL Öl zum Einpinseln**
- **grobes Salz, Sesam, schwarzer Sesam, Leinsamen, etc. zum Bestreuen**

Die Zutaten zu einem geschmeidigen, recht weichen Teig verkneten. Ggf. noch etwas Mehl hinzufügen. Den Teig so dünn wie möglich auf einer Backmatte oder -folie ausrollen und auf ein Backbleck geben. (Je dünner der Teig, desto krosser die Cracker!) Der Teig reicht für 2 Backbleche. Dann mit einer Gabel einstechen. Mit dem Öl einpinseln und nach Belieben mit grobem Salz (unser Favorit) oder mit Saaten bestreuen. Dann mit einem Pizzaroller oder einem scharfen Messer längs und quer in kleine Quadrate schneiden (ca. 1-2 cm groß).

Bei 180 Grad Ober-/Unterhitze 15-20 Minuten backen. Nach dem Abkühlen sollten die Cracker hart sein.

ROTE-BEETE-CHIPS

- 1 große Rote Beete
- ½ EL Pflanzenöl
- 1 TL Salz

Die Rote Beete schälen. Vorsicht: Sie färbt stark ab! Verwende nur ein Schneidbrett, das sich nicht dauerhaft verfärbt und leicht reinigen lässt. Oder auf dem dir Flecke nichts ausmachen.

Die Beete in feine Scheiben schneiden. Sie sollten ein bis zwei Millimeter dick sein. Das funktioniert am besten mit einem Sparschäler.

Gib die Scheiben in eine Schüssel und vermenge sie mit dem Salz. 15 Minuten stehen lassen. Das Salz entzieht der Roten Beete das Wasser.

Das Rote-Beete-Wasser abgießen und anschließend das Öl hinzugeben. Gründlich und vorsichtig vermengen.

Die Scheiben nebeneinander auf ein mit Backfolie ausgekleidetes Backblech legen. Sie sollten nicht überlappen.

Bei 140 Grad Umluft ca. 45-60 Minuten backen. Die Backdauer hängt von der Dicke der Scheiben ab. Und natürlich vom Ofen. Deshalb: Immer wieder zwischendurch testen. Nimm eine Scheibe aus dem Ofen, lass sie abkühlen und koste sie. Ist sie kross, sind die Chips fertig. Am besten noch am gleichen Tag genießen, da sie bei längerer Aufbewahrungsdauer weich werden können.

Die wirtschaftliche Küche

Ich bin mal wieder bei meinen Eltern zu Besuch. Obwohl meine Mutter heute müde ist, lässt sie es sich nicht nehmen, für meinen Vater und mich eine schnelle Mahlzeit zuzubereiten. Sie geht in den Garten, pflückt einen Korb voll Bohnen, die sie anschließend dünstet. Im Backofen brutzeln Kartoffelspalten, die sie mit viel Petersilie und Pfeffer würzt. Dann noch schnell etwas braune Butter herstellen und fertig ist das Mittagessen. Wir essen bergeweise Bohnen mit Salz und Butter und doch bleibt am Ende noch einiges übrig. Nach ihrem Mittagsschläfchen eilt meine Mutter noch einmal in die Küche, bevor wir den Rest des Nachmittages im kühlen Schatten eines Nussbaums verbringen werden. „Bohnensalat!", ruft sie kryptisch. Die Bohnenreste schnippelt sie klein, ebenso eine Zwiebel. Beides gibt sie in eine Essig-Öl-Marinade, lässt es bis zum Abendessen ziehen. Und so bekommen die Bohnen ihr zweites, schmackhaftes Leben.

Wer Hunger erlebt hat, wirft keine Lebensmittel weg. Ich kann ein Lied – ach was –, ein ganzes Konzert davon singen, wie oft ich als Kind Reste-Potpourris verdrückte. Alter Kartoffelbrei und Zucchinischalen und drei Löffel vergessenes Hackfleisch: einmal kurz püriert und gut gewürzt – eine köstliche Suppe!

In Deutschland wandern in privaten Haushalten pro Jahr 6,5 Millionen Tonnen Lebensmittel in den Müll. Wir weisen gerne die Schuld von uns und zeigen mit dem Finger auf Handel und Gastronomie. Aber ich muss uns enttäuschen: Private Haushalte sind leider die größten Lebensmittelverschwender mit einem Anteil von 59 Prozent. Nur zum Vergleich: Der nächstgrößte „Verschwender" ist die Außer-Haus-Verpflegung mit 1,9 Millionen Tonnen weggeworfener Lebensmittel. Umgerechnet werfen Bundesbürger*innen pro Jahr und pro Kopf 78 Kilo Lebensmittel weg. (Darin ist allerdings auch Unvermeidbares wie z. B. Nuss- und Obstschalen, Kaffeesatz und Knochen enthalten.)[12]

Das empfinde ich als nationales Versagen.

Es ist ja nicht nur Verdorbenes, das in deutschen Mülleimern landet: Ein Joghurt über Verfallsdatum. Fleckige Bananen. Das Eiweiß, welches von der letzten Backaktion übrig blieb. Das Gemüse aus dem Sonderangebot, von dem man daheim nicht mehr weiß, was man damit anfangen soll. Die angebrochenen Würstchen, die im Kühlschrank in die letzte Reihe wanderten und dort vergessen wurden.

Welcher vernünftige Wirtschaftsbetrieb würde Rohstoffe einkaufen, diese dann in den Müll werfen und neue Rohstoffe kaufen? Als Hausmänner und -frauen leiten wir unseren eigenen kleinen Betrieb. Dazu gehören ökonomische Planung und kluge Resteverwertung.

Der erste Schritt gilt der Vorbeugung. Wir kaufen nur ein, was wir wirklich (ver-)brauchen. Natürlich gehört dazu Erfahrung und, ja, wir werden Fehler machen und die schnelle Tiefkühllasagne kaufen und am Ende in den Müll werfen, weil sie keiner mag. Noch nicht mal die Katze. Gut wirtschaften bedeutet eben auch, aus den eigenen Fehlern zu lernen.

Folgende 9 Schritte helfen uns, klug einzukaufen und unsere Lebensmittel ordentlich zu lagern, sodass sie möglichst lange haltbar sind:

1. Nie ohne Essensplan und Einkaufsliste einkaufen gehen. Spontankäufe vermeiden. Ja, die Zuckerschoten und Artischocken sehen verführerisch aus. Aber willst du sie nur kaufen, weil du sie VIELLEICHT verwenden könntest? Dann lass sie liegen und komm wieder, wenn du einen Plan hast.
2. Niemals hungrig einkaufen gehen. Wer hungrig ist, kauft mehr Unnötiges.
3. Eine Liste von erprobten und beliebten Rezepten erstellen.
4. Möglichst nur Gemüse- und Obstmengen einkaufen, die du auch wirklich benötigst. Das geht bei frischen Waren besonders gut auf dem Wochenmarkt, wo man dir sehr gerne 3 Möhren, 5 Zwiebeln und 6 Äpfel einpackt.
5. Beim Einräumen der Einkäufe in Vorratsschrank und Kühlschrank Angebrochenes und bald ablaufende Lebensmittel nach vorne stellen.

6. Lebensmittel korrekt lagern:
   - Nudeln, Mehl, Hülsenfrüchte, Getreide und Öle brauchen es dunkel und trocken.
   - Südfrüchte bei Zimmertemperatur lagern.
   - Salat und Gemüse ins Gemüsefach. Plastikverpackungen entfernen (oder besser noch, unverpackt oder in Papiertüten kaufen). Salat, Spargel und Möhren lose in ein leicht feuchtes, sauberes Geschirrtuch einwickeln. So bleiben sie länger frisch.
   - Äpfel kühl und getrennt von anderem Obst und Gemüse lagern. (Sie verströmen das Reifegas Ethylen.)
   - Kartoffeln absolut dunkel und so kühl wie möglich lagern. Manchmal werde ich gefragt: Kann ich sie noch verzehren, wenn sie Keime gebildet haben? Die Antwort lautet Jein. Wenn die Kartoffel noch hart und glatt ist, sowie die Länge des Keimes nicht mehr als ein bis zwei Zentimeter beträgt, kann man sie bedenkenlos zubereiten, indem man Keim und Keimstelle großzügig herausschneidet. Ist die Kartoffel aber bereits schrumpelig und der Keim zu lange, dann sollte man die Knolle unbedingt entsorgen.
7. Reste einfrieren und sorgfältig beschriften.
8. Mindesthaltbarkeitsdatum verstehen lernen. Es gibt an, bis zu welchem Datum das Lebensmittel mindestens seine Eigenschaften behält. Bei richtiger Lagerung ist das Produkt noch Wochen nach dem MHD nutzbar. Ich kaufe oft reduzierte Ware, deren MHD überschritten ist. Einmal öffnete ich einen Joghurt, dessen MHD zwei Monate zurücklag. Er war völlig in Ordnung!
9. Wöchentlich Inventur betreiben. Die Vorräte durchsehen. Was muss verbraucht werden? Was läuft bald ab? Was fehlt?

Reste retten

ALTES WEISSBROT UND BRÖTCHEN

Croutons: Brot/Brötchen in kleine Würfel schneiden. In einer großen Pfanne etwas Butter zergehen lassen und auf mittlerer Hitze die Würfel rösten. Ab und zu wenden. Nach ca. 10-15 Minuten sind die Würfel kross und können als Suppenbeilage oder in Salaten oder einfach so zum Knabbern verwendet werden.

Paniermehl: Komplett getrocknetes Brot/Brötchen in kleinere Stücke brechen und in einer Küchenmaschine oder mit einem Mixer zu Paniermehl mahlen.

OFENSCHLUPFER

Dieses uralte Rezept hat je nach Region einen anderen Namen: Kirschenmichel, Ofenschlupfer, Scheiterhaufen, Brotpudding, Kirschenmännle etc. Es kommt bei uns sehr häufig mit einer Vanillesoße auf den Tisch.

Zutaten für 4-6 Personen:

- **4 alte Semmeln** (oder entsprechend altbackenes Weißbrot, Brezeln oder Hefegebäck)
- **500 g Äpfel, Kirschen oder Zwetschgen**
- **50 g Rosinen**
- **Ca. 400 ml Milch**
- **2 Eier**
- **1 Prise Salz** (weglassen, wenn man Brezeln verwendet)
- **30-40 g Zucker**
- **Butterflocken**
- **Nach Belieben: Abrieb einer Zitrone**

Das alte Gebäck in kleine Stücke schneiden und in eine Schüssel geben. Die Eier verquirlen, mit Milch, Salz und Zucker und ggf. Zitronenabrieb verrühren. Das Gebäck mit der Flüssigkeit vermengen und so lange durchziehen lassen, bis alles eingeweicht ist. Äpfel schälen und klein schneiden bzw. Kirschen oder Zwetschgen entsteinen.

Das durchweichte Gebäck mit Obst und Rosinen vermengen. In eine eingefettete Auflaufform geben. Wenn sich Rosinen an der Oberfläche zeigen, einfach in die Masse drücken. (Sie verbrennen sonst sehr schnell.) Ein paar Butterflocken auf die Oberfläche geben.

Ca. 30-40 Minuten bei 200 Grad Ober-/Unterhitze backen, bis die Oberfläche goldbraun gefärbt ist.

Warm mit Vanillesoße servieren.

GEMÜSEBRÜHE AUS GEMÜSERESTEN

- 1,5 kg Gemüsereste* (Schale und Endstücke von Fenchel, Lauch, Zwiebel, Sellerie, Karotten, Pastinaken, Petersilienwurzel, Frühlingszwiebel, frischem Knoblauch)
- Stiele von Pilzen und Brokkoli, das Grün von Stauden- und Knollensellerie, Karotten, Blumenkohl. Schale und äußere Blätter von milden Kohlsorten wie Kohlrabi und Wirsing
- Stiele und Blätter von Kräutern
- 3 l Wasser
- 1 EL Salz

**Du kannst Gemüsereste bei jedem Schnippeln sammeln. Nimm dafür einen Gefrierbeutel, den du entsprechend kennzeichnest. Wann immer Reste anfallen, dann gib sie in diesen Beutel und leg ihn zurück in die Gefriertruhe, bis du die 1,5 kg hast.*

Gemüsereste und Salz in einen großen Topf geben und mit dem Wasser aufgießen.

Die Gemüsebrühe bei geschlossenem Deckel einmal aufkochen lassen und anschließend bei niedriger Temperatur für ca. 3 Stunden köcheln lassen.

Die Brühe durch ein Sieb gießen und das Gemüse gut ausdrücken. Die gesiebte Gemüsebrühe nochmals ca. 20 Minuten köcheln lassen. Nach Geschmack würzen.

Die fertige Brühe sofort verwenden. Im Kühlschrank kannst du sie ca. 5 Tage lang aufbewahren. Oder in Schraubgläser bis 2 cm unter dem Rand füllen, verschließen und in der Gefriertruhe einfrieren.

Die Hühnerknochen vom letzten Hähnchenessen

HÜHNERBRÜHE

- Reste vom Hähnchen (Knochen, Fleisch und Haut)
- ca. 4 l Wasser
- 1 Möhre
- 1 Zwiebel
- 1 Stange Sellerie
- 2 Zehen Knoblauch, geschält
- Salz, Pfeffer
- 1 Lorbeerblatt
- einige Zweige Thymian
- 1 Handvoll Petersilie

Gib alle Zutaten bis auf das Salz in einen Topf und fülle Wasser hinein, bis alles gut bedeckt ist. Lass es aufkochen und reduziere dann die Temperatur so weit, dass es nur noch leicht köchelt. Die Brühe soll nun über 3-4 Stunden ohne Deckel langsam einkochen und damit ihre ganzen Aromen entfalten. Füge am Schluss noch das Salz hinzu und schmecke die Brühe ab.

Nimm den Topf vom Herd und gieße die Brühe durch ein feines Sieb.

Eiweißreste

PAVLOVA

Oft bleibt von diversen Backaktionen Eiweiß übrig. Ich sammele es in einem kleinen Behälter und stelle aus dem Eiweiß Baiser her. Das ist kinderleicht. Versprochen. Es ist grandios, wie aus einer unansehnlichen Glibbermasse ein hauchzartes, verführerisches, vielseitig verwendbares Gebäck wird.

- **2 Eiweiß**
- **1 Prise Salz**
- **100 g Zucker**

Schlage zunächst das Eiweiß, bis du die Rührschüssel auf den Kopf stellen kannst, ohne dass etwas herausfällt. Dann lasse während des Rührvorgangs Salz und Zucker hineinrieseln. So lange schlagen, bis die Masse schön glänzt. Wichtig ist, dass am Schneebesen lange Eischneespitzen stehen bleiben. Die Masse fingerdick auf ein mit Backpapier oder -folie ausgelegtes Backblech streichen. Ca. 2 Stunden im Backofen trocknen. Falls die Masse zu schnell braun wird, die Hitze reduzieren. (Jeder Ofen ist ein wenig anders, man muss erst ein Gefühl für die richtige Temperatur entwickeln.) Manche klemmen während der Backzeit einen Kochlöffel in die Backofentür, sodass der entstehende Dampf entweichen kann. Ich persönlich öffne von Zeit zu Zeit kurz die Backofentür.

Meine Kinder lieben es, wenn die Masse innen noch leicht zäh ist. Andere bevorzugen es, wenn das Baiser komplett durchgetrocknet ist. Das ist Geschmackssache.

Du kannst nun aus dieser Baiserplatte z. B. eine Pavlova zaubern. Mixe einen Becher geschlagener Sahne mit einem kleinen Becher Quark und einer Tüte Vanillezucker. Streiche die Masse auf das erkaltete Baiser und belege die Pavlova mit

Früchten der Saison. Besonders zu empfehlen: alle Arten von Beeren, Pfirsiche, Trauben und saftige Birnen.

Oder du brichst das Baiser in kleine Stücke und zauberst einen Himbeertraum: Dafür vermengst du einen Becher Quark mit einem Becher geschlagener Sahne und schichtest abwechselnd Himbeeren mit der Quark-Sahne-Masse und Baiser in eine Schüssel. Mit Baiser abschließen.

Grannys Tipp: Eierschalen fein zerkrümeln und als Dünger im Garten und für Zimmerpflanzen verwenden.

Schlappes Gemüse

GEMÜSECREMESUPPE (FÜR 4-6 PERSONEN)

Unsere „Restesuppe" koche ich immer nach Gefühl, ganz ohne Rezept. Deshalb schmeckt sie jedes Mal ein bisschen anders. Ich koche sie, wenn ich viele Gemühsereste im Kühlschrank habe: ein Stückchen Knollensellerie, schlappe Möhren, die alten Pellkartoffeln, die keiner mehr mag. Ich habe ein Grundrezept ausgearbeitet, das aber völlig wandelbar ist. Je nach Resten, die in deinem eigenen Kühlschrank schlummern ...

- **1 ½ l Gemüsebrühe**
- **2 Kartoffeln**
- **4-5 Möhren**
- **1 Stück Knollensellerie**
- **1 Stange Lauch**
- **etwas Pfeffer**
- **150 ml Sahne**
- **1 Bund Petersilie**

Du kannst fast jede Art von Gemüse für diese Suppe verwenden. Und alten Kartoffelbrei. Und den Rest Hackfleisch. Dieses Rezept ist nur ein Ausgangspunkt, von dem aus du experimentieren kannst. Bring die Gemüsebrühe zum Kochen, gib alle Zutaten bis auf die Sahne hinein. Koche das Gemüse weich und püriere die Suppe. Mit Sahne, gehackter Petersilie und Pfeffer abschmecken. Ist die Suppe zu dick, mit etwas Wasser verdünnen.

GEMÜSEPUFFER

Kartoffeln, Möhren und Zucchini sind im Rezept mit anderem Gemüse austauschbar (bis auf Tomaten, Salat und Gurken). Gut in die Puffer passt auch geriebener Käse. Alte Käserinden lassen sich auf diese Weise verwerten.

- **2 Kartoffeln**
- **1 Zwiebel**
- **2 Möhren**
- **1 kleiner Zucchino**
- **2 Eier**
- **6 EL Haferflocken**
- **Salz, Pfeffer**
- **5 EL Mehl**
- **Öl für die Pfanne**

Zwiebel schälen und fein hacken. Die Kartoffeln und Möhren waschen, schälen und raspeln. Ebenso den Zucchino waschen und raspeln. Das Gemüse mitsamt der Zwiebel in eine Schüssel geben. Eier, Haferflocken, Mehl, Salz und Pfeffer hinzufügen und gut vermengen. Zehn Minuten ziehen lassen. Eventuell tritt Flüssigkeit aus. Diese abgießen. Aus der Masse flache Puffer formen.

Das Öl in einer Pfanne erhitzen und die Gemüsepuffer auf beiden Seiten je 5-7 Minuten ausbacken.

Dazu passt ein Kräuter-Quark-Dip.

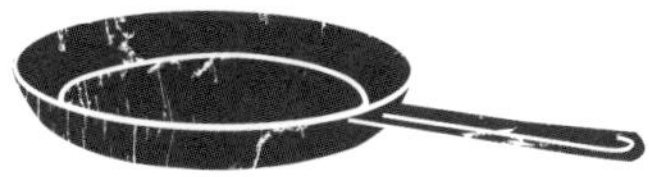

Alter Kartoffelbrei

KARTOFFEL-PANCAKES

Niemand, wirklich niemand isst gerne alten Kartoffelbrei (bis auf zwei Personen, die ich kenne. Aber abgesehen von ihnen: niemand.) Früher wanderte er bei mir in die Tonne, heute in diese wunderbaren Kartoffel-Pfannkuchen.

- **350 g warme, mehligkochende, zerstampfte Kartoffeln**
- **oder die entsprechende Menge an altem, ungeliebtem Kartoffelbrei**
- **100 g Mehl**
- **2 Eier**
- **2 Eigelb**
- **100 ml Milch (wenn du Kartoffelbrei verwendest, dann reduziere die Milchmenge)**
- **1 EL saure Sahne**
- **1 Prise Natron**
- **Salz**
- **Pflanzenöl oder Butter**

Die Kartoffeln zusammen mit dem Mehl in einer Schüssel vermischen, dann Eier und Eigelb unterrühren. Milch und saure Sahne zufügen und verschlagen, anschließend Natron und Salz dazugeben. Die Masse sollte etwas dicker als normaler Pfannkuchenteig sein.

Butter oder Öl in einer Pfanne erhitzen. Den Teig esslöffelweise großzügig in die Pfanne geben und die Pancakes auf jeder Seite 3-4 Minuten braten, bis sie goldfarben sind.

Mit Apfelmus und Zimtzucker servieren

Altes Obst

OBSTPUDDING ODER ROTE GRÜTZE

Letztens entdeckte ich in den Tiefen meiner Kühltruhe eine angebrochene Tüte mit einer Beerenmischung, die niemand mochte. Eine angebrochene Flasche Johannisbeersaft sowie drei überreife Pfirsiche, brachten mich auf die Idee, Obstpudding zu machen.

- **175 ml Saft**
- **1 gehäufter EL Speisestärke**
- **500 g rotes Beerenobst, Kirschen, Pfirsiche, Aprikosen, Nektarinen, Mango, Mirabellen, Pflaumen.**
- **2 EL Zucker oder nach Belieben**

Vanillesoße:

- **500 ml Milch**
- **½ Pck. Vanillepuddingpulver**
- **3 EL Zucker oder mehr nach Belieben**

Saft in einen Topf geben. 3 EL davon in einen Messbecher geben. Speisestärke in den Messbecher geben und gründlich mit einem Schneebesen verrühren. Falls du keine Speisestärke im Haus hast, kannst du alternativ auch 1 EL Puddingpulver verwenden.

Zum restlichen Saft im Topf das Obst geben. Größeres Obst, wie Pfirsiche oder Mirabellen vorher klein schneiden. Zucker hinzugeben und kurz verrühren. Masse zum Kochen bringen. Wenn du Beeren verwendest, kannst du sofort nach dem Aufkochen die Saft-Speisestärke-Mischung hinzugeben und kurz verrühren. Bei größerem Obst drei bis vier Minuten köcheln lassen.

Nach Zugabe der Speisestärke die Mischung nochmal kurz aufkochen, dann ca. 1 Minute köcheln lassen. Die Masse sollte jetzt langsam dickflüssiger werden. Rote Grütze vom Herd nehmen und abkühlen lassen.

Die Vanillesoße nach Packungsanleitung des Puddings kochen.

Braune Bananen

BANANENBROT

- **3 zerdrückte, sehr reife Bananen** (am besten haben sie schon ganz viele schwarze Flecken)
- **250 g Mehl**
- **100 g brauner Zucker**
- **1 TL Natron**
- **½ TL Backpulver**
- **½ TL Salz**
- **2 Eier**
- **75 ml Buttermilch**
- **100 ml neutrales Öl**
- **1 Päckchen Vanillezucker**
- **nach Belieben: je 100 g gehackte Schokolade und/oder Walnüsse**

In einer großen Schüssel Mehl, Backpulver, Natron und Salz vermischen, in einer zweiten Schüssel Eier, Zucker, Vanillezucker, Bananen, Öl und Buttermilch verschlagen. Die feuchten Zutaten zur Mehlmischung geben und alles schnell durchmengen, dann die Nüsse und/oder Schokolade unterrühren. Teig in einer gefetteten Kastenform (25 cm Länge) bei 160 Grad Ober-/Unterhitze etwa 50 Minuten backen.

Food-Sharing-Konzepte

Lebensmittelverschwendung muss nicht sein. Dieses Bewusstsein rückt immer stärker in die Mitte der Gesellschaft. Neue Konzepte und Apps entstehen und ich hoffe, dass bei Veröffentlichung dieses Buches noch weitere hinzugekommen sind. Nach heutigem Stand und meines Wissens gibt es folgende Food-Sharing-Konzepte:

FAIRTEILER

Foodsharing ist ein wachsendes Netzwerk aus Privatpersonen, Betrieben und Restaurants. Überschüssige Lebensmittel kann man an sogenannten Fairteiler-Stellen kostenlos abholen. Auf der Homepage *www.foodsharing.de* erfährst du mehr.

TOO-GOOD-TO-GO

Die App Too-Good-To-Go richtet sich vor allem an Supermärkte, Restaurants oder Bäckereien. In der App können sie ihre überschüssige und unverkaufte Ware anbieten. Privatpersonen können diese dann zu einem reduzierten Preis kaufen.

OLIO-APP

Die Olio-App vernetzt Nachbarn miteinander. Der Aufbau gleicht einer Verkaufsplattform: Überschüssige Lebensmittel werden eingestellt und können anschließend von anderen gekauft werden.

UXA

UXA zielt auf die Vermeidung von Lebensmittelverschwendung im privaten Bereich ab. Lebensmittel werden in die App eingestellt und Nutzer*innen können den Artikel dann per Nachricht anfragen.

Sammeln

Zehntausende von Jahren war das Sammeln (und Jagen) Lebensgrundlage der Menschen. Pflanzen, Beeren, Samen, Wurzeln, Pilze haben sich tief in unser Knochen- und Seelenwissen eingegraben. Auch wenn wir vieles von dem Wissen verloren haben, hat es Spuren und eine vage, nicht greifbare Sehnsucht hinterlassen. Deshalb bücken wir uns, wenn wir im Wald Heidelbeeren oder Brombeeren erspähen, und googlen nach diesem einen Pilz dort am Fuß einer Birke. Deshalb werden wir ein bisschen von Ehrfurcht ergriffen, wenn wir vor einem Holunderstrauch stehen, dessen Zweige unter der Last der Beeren fast brechen. Wald und Wiese sind Gottes Apotheke und Feinkostladen.

Eine meiner größten Leidenschaften ist das Sammeln. Ich muss für die Gratisernte nichts anbauen, mich nicht mühen. Die Wildpflaumen und Steinpilze, der Bärlauch und Giersch, die Brombeeren und der Holunder sind ein Geschenk des Himmels. Was für mich heute Hobby ist, war für Generationen vor uns der schmale Grat zwischen Sterben und Überleben: die Heilpflanze, die den bösen Husten bannte. Die Löwenzahnwurzeln und die Brennnesseln, die im Frühjahr vor dem Verhungern bewahrten.

Eine meiner größten Leidenschaften ist das Sammeln.

Pflanzenwissen wurde über Jahrtausende weitergegeben. Mit der Modernisierung verkümmerten die Kenntnisse binnen weniger Jahrzehnte. Unsere Großeltern wussten noch, dass Holundersaft und Thymiantee Erkältungen aus dem Körper treiben. Die nachfolgenden Generationen kennen meist nur den süßen grünen Saft aus der Apotheke und die weißen Pillen aus Blisterpackungen. (Entschuldigung. Das klingt polarisierend. Ich weiß. Auch ich bin dankbar für moderne Medizin und möchte sie nicht missen!)

Uns wird Geld für Superfoods aus der Tasche gezogen, denen man wahre Zauberkräfte zuschreibt und die um die halbe Welt zu uns nach Deutschland geflogen werden müssen.

Wir kaufen aber in erster Linie kein „Superfood", sondern das Gefühl, unsere Ernährung besonders richtig zu machen. Dabei wächst Superfood in Pflasterspalten und am Waldrand. Auf der Wiese und ganz sicher auch irgendwo in deinem Garten.

Walnüsse, Brennnesselsamen, Brombeeren und Hagebutten sind z. B. die günstige und klimafreundliche Variante anstelle von Quinoa, Avocado, Chiasamen, Goji- und Acai-Beeren.

Ich weiß, ich weiß, die wenigsten von uns haben die Zeit, ausgiebig in Feld und Flur nach Heilkräutern und Beeren und Pilzen zu suchen. Aber ein waches Auge, das kann man sich auch antrainieren, wenn der Alltag voll ist. Mit einem wachen Auge meine ich die Aufmerksamkeit, mit der ich meine Umgebung beobachte. Vielleicht kommst du auf deinem Weg zur Arbeit immer an diesem einen Holunder- oder Brombeerbusch vorbei. Oder bei deiner Hunderunde an Bärlauch, der am Bach wächst. Das nächste Mal nimmst du einen Beutel mit oder eine Schüssel. Dann hältst du kurz am Straßenrand oder bindest deinen Hund an und füllst dein Gefäß mit Holunderblüten und Bärlauch und Brombeeren. Auf diese Art und Weise erschließt du dir deine Orte, an denen jedes Jahr von Neuem dein persönliches Superfood wächst.

Aber vielleicht bist du dir unsicher, was und wo und wie man sammeln kann. Wenn du dein Knochen- und Seelenwissen reaktivieren möchtest, dann schließe dich einer Kräuter- oder Pilzwanderung an, die mittlerweile vielerorts angeboten werden. Vielleicht kennst du persönlich jemanden, der sich sehr gut auskennt und dich „in die Lehre nimmt". Oder du machst dich anhand von Büchern und Youtube-Videos kundig.

Du könntest ein Wochenende im Jahr zum Pilze-, Kräuter- oder Beerensammeln reservieren und gezielt an Orte gehen, die dafür geeignet sind. Nimm Freunde und Familie mit. So lernen Kinder von klein auf die Schätze der Natur und deren Namen kennen.

Ein paar Basics kann ich dir hier vermitteln und ich wünsche mir, dass sie dir die Augen öffnen für die Fülle, die dich umgibt. Dass sie deinen Hunger nach mehr Wissen schüren. Und dass du nicht aufhörst zu staunen, was uns die Schöpfung an Gutem schenkt.

KRÄUTER

Unser Kräuterreichtum füllt ganze Buchbände. Obwohl ich mich schon seit meiner Kindheit mit Kräutern beschäftige, erfahre ich immer wieder neues. Wenn man noch keinen Zugang zur Welt der Kräuter hat, sieht man in der Natur nur einheitliches Grün. Altes Wissen jedoch ordnet fast jedem Grün eine Wirkung zu. Je mehr wir lernen, desto größer wird die Ehrfurcht vor der Schöpfung und die Dankbarkeit für alles, was vor unserer Haustür wächst.

BRENNNESSELN

Es gibt wohl niemanden, der dieses berühmte Kraut nicht kennt. Du kannst im Frühjahr die jungen Triebe ernten und daraus Tee brühen. Brennnessel hat eine blutreinigende, entwässernde und entgiftende Wirkung und ist eine ganz hervorragende Frühjahrskur. Ich mische gerne etwas Pfefferminze zur Geschmacksverbesserung in den Tee.

Die Samen, die sich später im Jahr bilden und ein wenig an Sesam erinnern, kann man ebenfalls ernten, trocknen und z. B. als Zugabe im Brot oder Müsli verwenden. Sie sind ein altbekanntes, vitalisierendes Tonikum, vor allem während der Wechseljahre oder einer Rekonvaleszenz.

BÄRLAUCH

An Bachrändern und in Feuchtgebieten wimmelt es im Frühjahr nur so von dem aromatischen Bärlauch. (Nicht zu verwechseln mit Maiglöckchen, Aaronstab und Herbstzeitlosen! Wenn es nach Knoblauch duftet, liegst du goldrichtig.) Das Kraut wirkt belebend, antibakteriell und stärkt die Darmflora. Bärlauch ist reich an Vitamin C, Magnesium, Eisen und Allicin. Zu verwenden in Suppen, im Kräuterquark, in Gnocchi, Knödeln und Kräuterbutter.

LÖWENZAHN

Der gute alte Löwenzahn ist von jeher eine geliebte Heilpflanze. Er ist von der Wurzel bis zur Blüte verwertbar und deshalb besonders kostbar.

Löwenzahn wirkt harntreibend (darum wird er in manchen Gegenden Pissblume genannt), regt den Stoffwechsel an und hilft bei Rheuma und Gicht.

Im Frühjahr die zarten Blätter ernten und im Salat verwenden. Die Wurzel im Herbst ausgraben, säubern, trocknen und mahlen. Wie Kaffee verwenden (in Notzeiten war dies früher Kaffee-Ersatz). Oder aus den Blüten „Ersatzhonig" herstellen.

LÖWENZAHNHONIG

- 300 g Löwenzahnblüten
- 2 Kilo Zucker
- 3 in Scheiben geschnittene Zitronen (unbehandelt)

Die Löwenzahnblüten in der Mittagssonne pflücken und mit 1 Liter Wasser sowie den Zitronen eine halbe Stunde lang kochen. Danach den Sud durch ein Tuch oder ein feines Sieb abseihen. Anschließend die Flüssigkeit mit dem Zucker 2-3 Stunden auf niedriger Stufe köcheln lassen. Wenn der Zucker aufgelöst ist, möglichst wenig rühren, sonst schäumt der Sirup leicht über. Wenn der Sirup eine bernsteinfarbene Tönung erreicht hat, ist er fertig. Wenn du dir unsicher bist, dann nimm nach zwei Stunden die erste Probe und lasse sie auf einem Teller abkühlen. Dann kannst du sehen, ob der Sirup die gewünschte Konsistenz hat.

Anschließend sofort in saubere Gläser füllen und zuschrauben. Der Sirup ist ein bis zwei Jahre haltbar.

GIERSCH

Mancher Gärtner verzweifelt an ihm. Aber Gott sei Dank ist der Giersch unverwüstlich, sonst wäre er bereits ausgerottet. Wie schade wäre das um den guten Giersch, dessen Vitamin-C-Gehalt höher als die der Zitrone ist und der gegen Krampfadern, Husten, Wurmbefall, Zahnschmerzen, Gicht, Rheuma und Verstopfung wirkt.

Bei oben genannten Beschwerden entweder einen Tee aus den frischen Blättern zubereiten oder das Kraut im Salat, in Smoothies, im Kräuterquark oder als Pizzabelag verzehren.

SPITZWEGERICH

Auch der weitverbreitete Spitzwegerich ist eine uralte Heilpflanze. Er wirkt bei Erkrankungen der Atemorgane und äußerlich als Wundheilmittel.

SPITZWEGERICHTEE

Bei Husten, Schnupfen und Bronchitis: Gib 1-2 Teelöffel getrocknete oder frische Blätter in eine Tasse. Übergieße sie mit kochendem Wasser. Lass den Tee 10 Minuten ziehen und siebe anschließend die Blätter ab. Mit Honig süßen. (Mich hat dieser Tee während meiner COVID-Infektion „gerettet"!)

Grannys Tipp: Spitzwegerich-Erste-Hilfe bei kleinen Wunden und Insektenstichen: Ein frisches Blatt falten und drücken, bis Saft austritt und dann sofort auf die Wunde oder den Stich auftragen. Der Saft hilft auch bei Sonnenbrand und Brandwunden. Die frischen Blätter in einen Schuh gelegt können Blasenbildung verhindern. Hat sich zum Beispiel beim Wandern bereits eine Blase gebildet, kann diese ebenfalls mit frischem Spitzwegerichsaft behandelt werden.

SPITZWEGERICH-SALBE

Ich habe immer ein kleines Glas dieser Salbe zu Hause. Gerade mit Kindern ist sie unentbehrlich. Die Salbe wirkt bei Insektenstichen, Juckreiz, kleinen Wunden und Verbrennungen. Ja, selbst bei Splittern hilft sie, die Haut aufzuweichen und den Störenfried leichter zu entfernen.

- 1 Handvoll Spitzwegerichblätter
- 100 ml Öl (z. B. Sonnenblumen- oder Olivenöl)
- 12 g Bienenwachs

Die Blätter waschen, trocken tupfen und klein schneiden. Zusammen mit dem Öl in ein Schraubglas geben. Ca. 2 Wochen bei Zimmertemperatur durchziehen lassen. Täglich schütteln. Nach zwei Wochen durch ein feines Sieb oder ein Mulltuch filtern. Gefiltertes Öl und Bienenwachs in einer Metallschüssel im Wasserbad erwärmen, bis das Wachs geschmolzen ist. In ein sauberes, kleines Schraubglas füllen und abkühlen lassen. Das Glas verschließen. Die Salbe ist ca. ein halbes Jahr haltbar.

BROMBEEREN

Zum Pflücken Schutzhandschuhe und lange Kleidung anziehen! Du findest Brombeersträucher an Böschungen, Weg- und Waldrändern, wo sie ab Juli reife Früchte tragen. In den Beeren stecken viele Vitamine, wie z. B. das Provitamin A .und Mineralstoffe.

Du kannst aus den Beeren Sirup, Marmelade, Kompott und Smoothies herstellen. Oder du pflückst sie direkt in Gefrierbehälter und frierst sie daheim als Vorrat ein.

BROMBEER-JOGHURT-EIS AM STIEL

(für 8-10 Stieleis-Formen)

- **200 g Brombeeren**
- **150 ml Joghurt**
- **100 ml Sahne**
- **80 ml Apfelsüße oder Ahornsirup**

Die Brombeeren pürieren. Wer die Kernchen nicht mag, sollte das Püree durch ein Sieb streichen. Joghurt, Sahne und Süßungsmittel unterrühren. In die Stieleis-Formen gießen und mindestens acht Stunden ins Gefrierfach stellen.

HEIDELBEEREN

Wilde Heidelbeeren sind kleiner als die bekannten Kulturheidelbeeren aus dem Supermarkt. Sie wachsen in lichten Nadelwäldern an niedrigen Sträuchern und können ab Juli gesammelt werden. Es ist ein großer Spaß, mit Freunden oder Familie im Sommer auf Heidelbeersuche zu gehen. Und wenn sich dann Körbe und Kannen füllen, kann man bereits darüber nachsinnen, was man mit der Ernte anstellt: Marmeladen, Kuchenfüllung, Likör. Oder man isst sie ganz frisch wie in meiner Kindheit: in einer Dessertschüssel mit viel Milch und Zucker. Das ist Sommer pur.

HOLUNDERBEEREN

Wenn sich im August und September die Holunderbeeren fast schwarz verfärben, sind sie reif zur Ernte. Aus den Beeren kannst du einen gesunden Saft herstellen, den man in Erkältungszeiten heiß und mit viel Honig trinkt.

- **1 Kilo Holunderbeeren**
- **400 ml Wasser**
- **Saft einer Zitrone**
- **feines Sieb oder Mulltuch**
- **kleine Flaschen, am besten mit Bügelverschluss oder Schraubdeckeln**

Holunderbeeren waschen und mithilfe einer Gabel von den Dolden streifen. Es sollte so wenig Grün wie möglich an den Beeren zurückbleiben. Grüne Beeren aussortieren.

Die Beeren mit dem Wasser in einem Topf aufkochen und 5 Minuten köcheln lassen. Durch ein feines Sieb abseihen und in einem Topf auffangen. Die Beerenreste im Sieb ordentlich ausdrücken. Eventuell einen Löffel oder Holzstampfer zu Hilfe nehmen. Den Zitronensaft in den aufgefangenen Holundersaft geben. Nochmals aufkochen. Währenddessen die Flaschen mit Verschlüssen in einen Topf kochendes Wasser geben und 10 Minuten auskochen. Den Saft in die noch heißen Flaschen füllen und sofort verschließen.

Der so gewonnene Direktsaft ist mehrere Monate haltbar.

FLIEDERBEERENSUPPE MIT GRIESSKLÖSCHEN

- **1 l Holundersaft** (Dieser Saft ist herb-süß. Wer das nicht mag, kann auch Kirsch-, Johannisbeer- oder Zwetschgensaft verwenden.)
- **1 Stange Zimt**
- **2 Gewürznelken** (in ein Teesieb geben)
- **2 Äpfel**
- **30 g Stärkemehl**
- **75 g Zucker**
- **1 Zitrone**
- **¼ l Milch**
- **50 g Margarine**
- **Salz**
- **1 EL Zucker**
- **125 g Grieß**
- **2 Eier**

Saft mit Zimt, Gewürznelken und gewürfelten Äpfeln aufkochen. 10 Minuten auf Stufe 1 kochen, mit angerührtem Stärkemehl binden, mit Zucker und Zitronensaft abschmecken.

Für die Klößchen Milch, Margarine, Salz und Zucker aufkochen. Grieß einrühren und auf Stufe 1 so lange rühren, bis sich ein Kloß bildet, nach und nach verquirlte Eier zufügen. Einen großen Topf zur Hälfte mit Wasser füllen, zum Kochen bringen und dann auf die niedrigste Stufe stellen. 2 TL Salz darin auflösen. Von der Grießmasse mit 2 Esslöffeln Klößchen abstechen, in dem Salzwasser 10 Minuten ziehen lassen. Die Fliederbeerensuppe heiß oder kalt mit den Grießklöschen servieren.

HOLUNDERBLÜTEN-KÜCHLE

Einen Pfannkuchenteig anrühren. Die gesammelten Blüten ausschütteln. Je eine Blüte am Stiel anfassen, in den Teig tauchen und in reichlich Fett ausbacken. Auf Küchenkrepp abtropfen lassen und mit Puderzucker bestäubt sofort servieren.

SCHLEHEN

Die Schlehe ist als dorniger Strauch weitverbreitet und produziert im Herbst wunderschön anzusehende, blaue Beeren. Von meiner Blogger-Freundin Uta* habe ich dieses Rezept für Schlehenoliven bekommen. (Das Besondere: Man erntet die Schlehen bereits vor dem ersten Frost im Gegensatz zu allen anderen Verarbeitungsmethoden, die eine Ernte nach dem Frost erfordern.)

SCHLEHENOLIVEN

Diese schmackhaften „Oliven" werden wie herkömmliche Oliven verwendet.

- **1 Bund Thymian (oder getrocknet 3 EL)**
- **3 Lorbeerblätter**
- **5 Nelken**
- **300 g Salz**
- **500 g Schlehen**
- **Olivenöl**

Die Schlehen waschen und in ein gut schließendes, sehr großes Einmachglas füllen. In einem Liter Wasser werden die Gewürze aufgekocht und anschließend (bei ausgestellter Herdplatte) das Salz hinzugefügt. Sobald sich das Salz vollständig aufgelöst hat und die Salzlösung etwas abgekühlt ist, gibt man sie vollständig über die Schlehen. Nun wird das Gefäß gut verschlossen und die eingelegten Schlehen dürfen mindestens zwei Monate lang darin ziehen.

Nach der Ziehzeit gießt man den Sud ab und entfernt die Lorbeerblätter, den Thymianbund und die Nelken. Hast du losen Thymian genommen, darf der ruhig an den eingelegten Schlehen haften bleiben.

Nun werden die „Oliven" in gut schließende Gläser gefüllt.

Als Nächstes füllt man die Gläser mit den eingelegten Schlehen bis zum Rand mit Olivenöl auf. Dabei bitte darauf achten, dass alle Schlehen gut mit Öl bedeckt sind!

Dann werden die Gläser gut verschlossen und beschriftet. Die nun fertigen eingelegten Schlehen halten sich kühl und dunkel gelagert mindestens ein Jahr.

**Auf Utas Homepage findest du viele kreative, vegane Rezepte: www.utasglueck.de*

HAGEBUTTEN

Im Herbst leuchten sie uns entgegen, die appetitlich roten Hagebutten. Geerntet können die Vitamin-C-Bomben zu Likör, Tee und Marmelade weiterverarbeitet werden. Hagebuttenmarmelade oder Hiffenmark ist ein ganz besonders leckerer Brotaufstrich. Und getrocknet bereichern Hagebutten jede Teekräutermischung. (Im Februar backe ich traditionell Faschingskrapfen, die ich mit Hiffenmark fülle. Göttlich!)

HAGEBUTTENMARMELADE (für ca. vier Gläser)

- **1 kg Hagebutten**
- **1 l Wasser**
- **500 g Gelierzucker (Sorte 2:1)**

Nun gibt es zwei Methoden, die Hagebutten zu entkernen. Entweder in Kleinarbeit (jede Hagebutte aufschneiden und die Kerne rauskratzen) oder mit dieser einfacheren Art:

Fülle einen großen Topf mit einem Liter Wasser und gib die Hagebutten, von denen du vorher Stiele und Blüten entfernt hast, hinein. Köchel sie ungefähr eine Stunde lang weich. Das Wasser abgießen und die Hagebutten durch ein Sieb streichen oder durch die Flotte Lotte drehen. Das so entstandene Mus in einen Topf geben und mit dem Gelierzucker verrühren. Koche die Marmelade dann für 3-5 Minuten unter ständigem Rühren auf der heißesten Stufe.

Fülle das heiße Hiffenmark in die Schraubgläser und stelle sie für ein paar Minuten auf den Kopf.

SAMMELTIPPS:

- Ernte nur die Pflanzen bzw. Pflanzenteile, die du auch wirklich kennst und verwenden wirst. Wenn du Pilze sammelst, dann sei dir immer 100 Prozent sicher oder gehe mit Experten in den Wald. Um den Bestand der Wildkräuter und Beeren zu wahren (damit auch noch genug für Vögel, Insekten und Mitmenschen bleibt), höchstens ein Drittel des Vorkommens in einem Bereich sammeln.
- Niemals in der Nähe stark befahrener Straßen ernten oder wo Spritzmittel eingesetzt (z. B. an Rändern konventionell bestellter Felder) oder wo Hunde spazieren geführt werden.
- In Naturschutzgebieten ist das Sammeln prinzipiell verboten.
- Ernte am besten am Vormittag oder um die Mittagszeit.
- Nur die oberen, feinen Triebspitzen sammeln, da diese besonders zart sind und noch wenige Bitterstoffe enthalten.
- Sammle nie auf Privatgrundstücken, es sei denn, du hast dir vorher die Erlaubnis eingeholt.
- Auf www.mundraub.org findest du eine interaktive Karte, auf der Obstbäume, Kräuter, Beerensträucher etc. eingezeichnet sind, die der öffentlichen Nutzung zur Verfügung stehen.
- Vielleicht hast du schon einmal auf alten Streuobstwiesen oder an Wegrändern Bäume entdeckt, die eine gelbe Schleife tragen? Damit signalisiert der Besitzer: Hier darf jeder ernten!

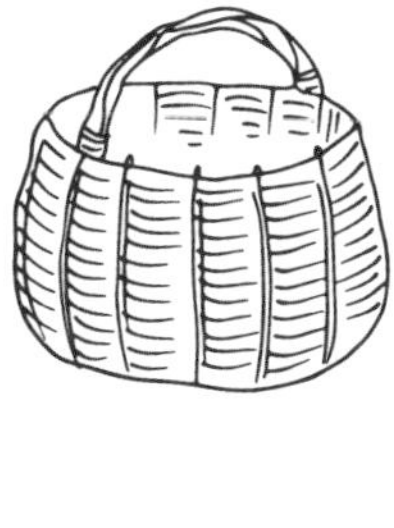

Garten

2008 zogen wir aufs Land. Aus dem Wiesengrundstück hinter unserem Haus würde ich ein fruchtbares Stück Gartenland zaubern! Dort sollten in üppigen, idyllischen Reihen Kohl und Karotten, Pok Choi und Physalis, Salat und Sellerie wachsen. Ich hatte ja keine Ahnung, dass dies kein Spaziergang, sondern ein Gefecht werden würde. Meine Endgegner hießen: Lehmboden. Nacktschnecken. Dürreperioden.

Ich hatte soeben unser erstes Baby zur Welt gebracht. Erstmütter können besessen sein von der Idee, alles hundertprozentig machen zu müssen. Aber wahrscheinlich war nur ich so. Ich war schon immer gut darin, die Dinge auf die Spitze zu treiben. Ich hatte mir nämlich in den Kopf gesetzt, meiner Tochter ausschließlich Brei aus selbst angebauten Biomöhren zu füttern. Das war zwar sehr löblich und idealistisch von mir, aber auch ehrlich gesagt ganz schön idiotisch. Denn Möhren sind ein ziemlich anspruchsvolles und schnell beleidigtes

Gartengemüse. Aber das wusste ich damals noch nicht, als ich im Sommer mit hochrotem Kopf die ersten mageren Möhren aus dem Boden zog. Da stand der Nachbar lachend am Gartenzaun und rief: „Woischt, die koschd doch für ein Euro im Supermarkt kaufe!"

Drei Stunden später betrachtete ich müde meine Ausbeute von fünf Portionen Babybrei. Manchmal steht der Aufwand einfach nicht im Verhältnis zum Ergebnis, nicht wahr? Ich gab meine Babybreipläne auf und fütterte meinem Kind Gläschen aus der Drogerie garniert mit einer Portion schlechtem Gewissen. Das Baby ist heute 14 Jahre alt und hat offensichtlich keine Defizite erlitten.

Das Kind wächst heran. Und so auch meine Gartenleidenschaft. Niemand ist ein geborener Gärtner. Sondern einfach nur ein Mensch, der viele Fehler macht und aus den Fehlern lernt und immer weitermacht.

Mein Garten ist heute eine wilde Mischung aus Permakultur, Wildnis, Staudenbeeten, Kräuterflecken, Obstbäumen und Sträuchern. Ich habe gelernt, aus den Gegebenheiten das Beste herauszuholen. Dazu gehört meine Einsicht, dass in Lehmböden keine Möhren wachsen. Und dass ich nicht alles im Garten anbauen muss. Dass es Jahre gibt, in denen die Ernte frustrierend mager ausfällt, und andere Jahre, in denen ich Albträume von Zucchini habe.

Wenn ich im Sommer ganz frühmorgens barfuß mit einer Tasse Tee ins Freie trete, mich auf den sich langsam erwärmenden Boden setze und den Hummeln, Bienen, Blüten, ach dem ganzen wilden Leben zuschaue, denke ich: Und es hat sich doch gelohnt!

Was ist ein Granny-Garten?

„Der Garten gibt selbst einem sonst unscheinbaren Häuschen, aus nüchterner Zeit stammend und jedes äußeren Schmucks entbehrend, etwas Behagliches, Anheimelndes, zumal wenn dasselbe durch einige alte Bäume beschattet, von üppigen Weinreben oder dunkellaubigem Efeu umrankt ist, wenn an den Fenstersimsen Sommerblumen blühen, die sich freundlich von dem Grün abheben."
(ZUR STÜTZE DER HAUSFRAU 1907)

Ein Granny-Garten liefert Nahrung und Schönheit.

Ein Granny-Garten ist eine Mischung aus Nutzen und Schönheit. Ein Bauerngarten eben mit alten Stauden und einjährigen Blumen wie z. B. Ringelblumen, Schmuckkörbchen, Zinnien, Löwenmäulchen, Lupinen und Sonnenblumen. Ans Haus schmiegt sich ein Holunderstrauch, Kräuter- und Gemüsebeete liegen in der Sonne. Johannis-, Himbeer- und Stachelbeersträcher säumen Kieswege. Holzzäune und einheimische Hecken schaffen natürliche Abgrenzungen. Im hinteren Teil des Gartens vollbringt der Komposthaufen seine stille Alchemie.

Hier darf alles und muss nichts. Hauptsache: Der Garten ist organisch gewachsen und alles besteht aus natürlichen und wiederverwerteten Materialien. Hier wächst nur, was dem örtlichen Klima angepasst ist, gute Ernte schenkt und nicht zu pflegeintensiv ist.

Vom Frühjahr bis tief in den Winter liefert ein Granny-Garten Nahrung und Schönheit. Darüber hinaus ist er kostenloses Fitnessstudio und Therapiecouch.

Mit einem kleinen Stückchen Land besitzt du einen Schatz. Ja, selbst ein Südfenster oder ein Balkon sind ein Segen. Neben

deiner wirklich umwerfenden Kakteensammlung ist am Südfenster vielleicht auch noch Platz für ein paar Kräuter und einen kleinen Kasten Pflücksalat. Und auf einem Balkon lassen sich Tomaten, Gurken, Radieschen, Salat und so viel mehr kultivieren. Einen eigenen Garten oder Pflanztöpfe anzulegen ist ein zutiefst befriedigender, schöpferischer Ausdruck deines Menschseins. (Wie du siehst, steckt in jedem Gärtner auch ein kleiner Philosoph.) Wir müssen klein anfangen, gerade im Garten! Du kannst ein Fertighaus in wenigen Tagen hinstellen, aber ein Garten wächst gemeinsam mit dir. Von Natur aus bin ich nicht die große Planerin, sondern impulsive Macherin. Wenn mich etwas begeistert, dann packe ich es an, mache viele Fehler und versuche, daraus meine Schlüsse zu ziehen. Und genau das rate ich dir auch beim Gärtnern. Einfach anfangen. Mit der Betonung auf einfach. Schau dir ein paar Youtube-Videos an, lies ein paar Bücher, aber zerdenke deine Pläne nicht. Gerade die sorgfältigen Planer unter uns haben oft Schwierigkeiten, den Anfang zu finden, aus lauter Angst, es nicht richtig zu machen.

Erwarte nicht, dass dein Garten oder Balkon sofort wie ein Vorzeigegarten aussieht und du im ersten oder zweiten Jahr Rekordernten einfahren wirst. Ein Garten ist ein Lernfeld und ein wachsender Organismus. Und wenn am Ende der Erfolg vielleicht nur mäßig ist, wirst du trotzdem eine wichtige Lektion verinnerlicht haben: wie viel Arbeit in einer Möhre steckt! Nie mehr wirst du Möhren mit herablassender Gleichgültigkeit ansehen, sondern mit einer tiefen Verneigung.

Was ich gelernt habe:

- Pfefferminze nie einfach so ins Beet setzen. Sie breitet sich in rasanter Geschwindigkeit aus. Niemand kann so viel Pfefferminztee trinken! Meine Pfefferminze wächst in einer großen Zinkwanne im Garten, wo sie kein Unheil anrichten kann.
- Wenn du keine Ratten im Kompost haben möchtest, dann wirf Essensreste und Käserinde nicht in den Biomüll.
- Natürlich kann man seine Tomaten auch schon Ende April ins Freiland setzen. Aber die Eisheiligen Mitte Mai sind keine dumme Bauernweisheit. Ich musste schon oft meine Voreiligkeit büßen und meine erfrorenen Tomaten und Zucchini betrauern.
- Tomaten in religiöser Regelmäßigkeit ausgeizen, wenn man keinen Tomatenurwald haben möchte.
- Kohlpflanzen immer mit einem Netz abdecken. Ja, die Kohlweißlinge sind nett anzusehen, wenn sie über den Beeten flattern. Aber Raupen auf deinem Brokkoli sind es nicht.
- Immer, immer frisch angelegte Beete mit kleinen Schildchen markieren.
- Lehmboden verbessert sich nicht einfach von selbst. Er braucht viel Liebe und noch mehr Kompost.
- Ich kann nicht an jedem Standort und in jedem Boden ALLES anbauen. Beim Gärtnern heißt es beobachten, beobachten und nochmals beobachten.

Es ist ein berauschendes Gefühl, das eigene Gemüse und Obst auf den Tisch bringen zu können. Der Lauch und die Karotten, die gerade noch in der sonnenwarmen Erde steckten, braten fünf Minuten später in der Pfanne. Keine langen Lieferwege, kein Nährstoffverlust, kein Verpackungsmüll. Dafür maximaler Geschmack. Und man kommt der Erde näher, verinnerlicht die Saisonalität von Gemüse und Obst. Eine Tomate im Winter, die im Gewächshaus auf Nährlösung heranwuchs, hat weder die Nährstoffdichte noch den Geschmack einer süßen Sommertomate aus dem Garten, die noch warm ist, wenn man sie pflückt und hineinbeißt.

Früher, zur Zeit unserer Groß- und Urgroßeltern, waren Gemüsegärten eine Notwendigkeit. Mit dem Aufkommen von Konserven und Tiefkühlkost starb der Eigenanbau vielerorts fast aus. Natürlich hat es seine guten Vorteile, nicht auf Gedeih und Verderb vom eigenen Anbau abhängig sein zu müssen. Mit dem Tod vieler Gärten ging aber auch das Leben im Rhythmus der Jahreszeiten verloren. Und die Erdverbundenheit. Die Kraft, die man aus der Gartenarbeit zog. Die therapeutische Wirkung vom Arbeiten mit den Händen und Ernten der eigenen Früchte. Die Kreativität, die die Ernteverarbeitung und der Anbau verlangen. Und nicht zuletzt ein Stück Autarkie.

In letzter Zeit bekommen diese Punkte wieder eine stärkere Gewichtung. Eine hohe Inflation und steigende Energie- sowie Düngerpreise haben zusammen mit anderen Faktoren einen Gartenboom ausgelöst.

Auch wenn man kein Stückchen Land sein Eigen nennt, lassen sich Möglichkeiten für jeden Geldbeutel finden:

- Auf einer Fensterbank und einem Balkon kann man mehr anbauen als nur Kräuter und Salat (siehe folgende Seiten).
- Auch auf einem Stück asphaltierten Hof kann man in verschiedenen Pflanzkübeln und Containern Gemüse und Obst anbauen.
- An vielen Orten boomen Gemeinschaftsgärten. Gegen Mithilfe kann man einen Teil der Ernte behalten. Einen Überblick findest du auf: *www.urbane-gaerten.de*

- Selbst auf einem winzigen Streifen Vorgarten mit Schotter oder traurigem Rasen lässt sich Gemüse kultivieren.
- Einen Schrebergarten pachten. Zugegeben: In Großstädten ist die Warteliste lang und mitunter muss man bis zu drei bis vier Jahre auf den Zuschlag warten. Aber wenn es dann klappt, hat man nicht nur einen Ort für den Gemüse- und Obstanbau, sondern auch einen idyllischen Rückzugsort.
- Eine großartige Alternative ist das Gartenpaten-Programm. Die Website *www.gartenpaten.org* bringt Gartenlose und Gärtner zusammen. Hier kann man kostenlos ein Gesuch oder ein Angebot schalten.
- Solidarische Landwirtschaft (oder SoLaWi): Die Mitglieder teilen sich die Kosten der Landwirtschaft, die Arbeit und ebenso den Ertrag. Der Vorteil: Das Gemüse ist biologisch angebaut und regional. Jeder kann mitmachen! Mehr dazu: *www.solidarische-landwirtschaft.org*
- Bei den Ackerhelden kannst du deinen eigenen, vorbepflanzten Biogemüsegarten (40 qm) mieten und von Anfang Mai bis Ende November gärtnern und ernten. *www.ackerhelden.de*

Anbau auf der Fensterbank, auf dem Balkon und einem asphaltierten Hof

Der Anbau-Ort sollte genug Sonne bekommen, aber auch nicht von früh bis spät der prallen Hitze ausgesetzt sein. Ausgediente Gefäße aus dem eigenen Haushalt, aus dem Müll oder aus dem Sozialkaufhaus sind eine kostengünstige Alternative zu teuren Pflanzgefäßen aus dem Baumarkt:

- Blechdosen
- aufgeschnittene Tetrapaks
- Weinkisten
- In Gärtnereien oder Baumschulen anfragen, ob sie überschüssige Plastiktöpfe abzugeben haben.
- alte Kochtöpfe
- senkrecht aufgestellte Paletten (Zwischenräume der Latten mit Folie auskleiden, bevor man sie mit Erde füllt!)
- Kunststoffsäcke
- Günstige Pflanzgefäße lassen sich auch über Kleinanzeigen im Internet finden.

Ganz im Trend für kleine Flächen ist das vertikale Gärtnern: eine platzsparende und sehr dekorative Sache. Zu diesem Zweck kannst du Pflanztreppen, Pflanztaschen, Ampeln, Tontopftürme, vertikal aufgestellte Paletten, senkrecht aufgestellte Holzkisten, usw. verwenden.

Wichtig: Jedes Pflanzgefäß benötigt einen Abfluss. Schneide also in Töpfe, Dosen, Säcke, Töpfe und Becher unbedingt ein Loch, denn Pflanzen vertragen keine nassen Füße. Das Pflanzgefäß stellt man auf einen Untersetzer, der das überschüssige Gießwasser auffängt. Fülle dein Gefäß zunächst mit einer 3 cm dicken Schicht aus Blähtonkugeln. (Kies geht auch, ist aber schwerer.) Lege ein Stück Vlies über die Drainageschicht. (So können sich die Blähtonkugeln und die Erde nicht vermischen.) Fülle erst dann die Pflanzerde ein. Wichtig: Bitte kaufe nur torffreie Erde.

Folgende Pflanzen sind geeignet für den Anbau auf Fensterbrett und Balkon:

- alle Arten von Kräutern (mediterrane Kräuter bevorzugen nährstoffarmen Boden)
- Tomaten (Empfehlenswert sind Busch- oder Wildtomatensorten wie z. B. Red Robin. Sie werden nicht höher als 30 cm und brauchen keinen Rankstab.)
- Radieschen
- Hängeerdbeeren für die Blumenampel
- Pflücksalat (lässt sich fortlaufend ernten)
- Rucola, Mangold, Spinat
- Rote Beete
- Zucchini, Paprika und Gurken (brauchen viel Sonne, Wasser und Platz)
- Bohnen und Erbsen
- Karotten (auf tiefe Pflanzgefäße achten)
- Kohlrabi (benötigt Platz)

Grannys Tipp: Frage Freunde nach übrig gebliebenem Saatgut oder sieh in der Verschenk-Rubrik von eBay Kleinanzeigen nach. Dort wird man häufig fündig.

Blumen

In einem authentischen Granny-Garten dürfen Blumen nicht fehlen! Sie sind nicht nur eine Wohltat fürs Auge und Gemüt, sondern auch für die Insektenwelt. In den letzten Jahren hat mich eine wahre Blumenleidenschaft erfasst und ich liebe nichts mehr, als meine Blumenbeete zu planen und den Bienen, Hummeln und Schmetterlingen zuzusehen. Mein Vorgarten ist ein überdimensionaler Blumenkorb, über dessen Rand Farbe, Textur und Üppigkeit quellen.

Man unterscheidet bei Blumen zwischen Einjährigen, Zweijährigen und Stauden. Ich habe weder ein Farbkonzept, noch trenne ich diese Rubriken streng. Ich lasse vieles dort wachsen, wo es wachsen will. Vor allem Borretsch, Ringelblumen, Mutterkraut und Akelei säen sich eifrig selbst aus und gehen überall im Garten auf.

Ich habe unseren großen Vorgarten mit allem gefüllt, was mir gefällt und in vielen Bauerngärten zu finden ist: Rosen und Pfingstrosen. Frühjahrsblüher und Flieder. Herbstastern und den vermehrungsfreudigen Beinwell. Lavendel und Zinnien. Cosmeen und Fette Henne. Frauenmantel und Stockrosen. Katzenminze und Flockenblume. Sonnenblumen und Goldrute. Phlox und Sonnenauge. Eisenkraut und Spinnenblume. Iris und Artischocke. Dazwischen räkeln sich viele Ringelblumen.

Als ich meinen Bauerngarten anlegte, hatte ich dank unserer Renovierungsarbeiten absolut kein Budget. Ich bat eine alte Bäuerin in der Nachbarschaft mit beneidenswertem bunten Garten um Ableger. Die meisten Gärtner sind überaus großzügig, weil sie oft mehr als genug haben und froh um Abnehmer sind. Die Bäuerin schenkte mir eine große Kiste voller Pflanzen, viele Erklärungen und eine Packung Eier obendrauf. Das war der Startschuss! Als ich mit dieser Kiste im Vorgarten stand, waren mir alle Erklärungen entfallen. Welche Pflanze hieß wie? Und wohin soll ich sie pflanzen? Ich machte alles nach Gefühl. Und schon im ersten Jahr grünte und blühte es in meinem Vorgarten – alles wild durcheinander –, dass es eine Wonne war.

Stauden werden oft sehr groß und müssen alle paar Jahre geteilt werden. Auf diese Weise bekam ich von gärtnernden Freunden und meiner Mutter einige meiner schönsten Stauden. Die Margeriten und die alte Duftrose zum Beispiel, die jetzt jeden Sommer meinen Garten zieren, stammen noch von meiner Großmutter. Die leuchtenden Herbstastern sind Überbleibsel aus dem großen Bauerngarten meiner Mutter und erinnern mich an meine Kindheit.

Auch mit wenig Geld lässt sich ein wunderbarer Garten anlegen. Alles, was es einen kostet, ist Nachfragen.

Grannys Tipp: Manche Pflanzen lassen sich sehr leicht durch Stecklinge vermehren, wie z. B. Rosen, Oleander, Hortensien, Fleißiges Lieschen, Hibiskus und Geranien.

Gemüse- und Obstanbau im Garten

Beete

Ich habe eine Mischung aus normalen Beeten und Hochbeeten, was sich für meine Art des Gärtnerns sehr bewährt. Kartoffeln, Erdbeeren, Kohl, Kürbis, Gurken, Tomaten, Rote Beete, Lauch, Bohnen, Sellerie, Erbsen und Erdbeeren baue ich in normalen Beeten an. Salat, Möhren, Radieschen, Spinat, Kohlrabi kommen ins Hochbeet. Aber frag mich noch mal in drei Jahren, dann verfahre ich vielleicht wieder nach einem anderen System. Je nach eigener Lust, Lernerfahrung und Lebenslage.

Hochbeete sind total im Trend. Es gibt sie in allen Variationen und Preisklassen. Die fertigen Bausätze aus dem Baumarkt sind teuer. Du kannst ein Hochbeet aber auch selbst bauen. Zum Beispiel aus Paletten. Oder aus unbehandelten Lärchen- oder Douglasienbrettern, die besonders witterungsbeständig sind. Besonders langlebig und langfristig am günstigsten sind gemauerte Hochbeete aus Stein. Für die Terrasse und den Balkon eignen sich Tisch-Hochbeete. Alte Autoreifen lassen sich aufeinanderstapeln, mit Erde füllen und bebauen. Ich persönlich verwende Palettenrahmen, die man beliebig hoch aufeinander stapeln kann. Die Standardgröße beträgt 120 x 80 x 20 cm. Ideal für Hochbeete! Meine Rahmen habe ich gebraucht erstanden, denn auch hier sind die Baumarktpreise leider budgetsprengend. Manchmal hat man auch bei Speditionen Glück, die günstig gebrauchte Palettenrahmen abgeben. Am besten baut man sein Hochbeet im Herbst, da beim Gartenputz automatisch viel Füllmaterial anfällt.

Aufbau Hochbeet:

- Wenn das entsprechende Beet steht, innen mit Teichfolie auskleiden. Damit Wühlmäuse nicht von unten in das Hochbeet eindringen können, legt man am Boden ein Mäusegitter als Schutz auf.
- Als unterste Schicht (ca. 50 cm) füllt man Strauch- und Baumschnitt ein. Auch altes, unbehandeltes Bauholz ist möglich.
- Falls du vor dem Hochbeetbau Grassoden ausgestochen hast, kommen diese nun umgedreht auf die Reißigschicht.
- Nun folgt die mittlere Schicht bestehend aus: Laub, unbehandeltem Karton, Stroh, Häcksel (nur von Laubbäumen). Ja, selbst Schafwolle und Federn aus alten Kissen und Decken kann man hinzufügen. Ich persönlich mische auch gerne Pferdemist darunter, was das Beet ganz natürlich von unten wärmt. Diese Schicht so hoch einfüllen, dass nun noch 25 cm Platz nach oben ist.
- Nun 10 cm Kompost einfüllen und den Rest mit Gartenerde bedecken.

Nach dem ersten Anbaujahr senkt sich der Boden. Ich fülle im Frühjahr dann immer mit Pferdemist, Kompost und Gartenerde auf (in dieser Reihenfolge).

Jetzt bepflanzen, regelmäßig wässern (gerade in der prallen Sonne stehen Hochbeete in Gefahr, schnell auszutrocknen) und den Pflanzen beim rasanten Wachstum zusehen.

Wer noch eins oben draufsetzen möchte – im wahrsten Sinne des Wortes! –, baut einen Frühbeetaufsatz passend zum Hochbeet und kann dann schon Ende Februar/Anfang März mit dem Anbau beginnen.

Welches Gemüse und Obst soll ich anbauen?

- **Alles, was du gerne isst.**
- **Alles, was pflegeleicht ist.**
- **Alles, was eine große Ernte verspricht.**
- **Alles, worauf du Lust hast.**

Wenn erstmal die Saatgut-Kataloge ins Haus flattern, erliegt man schnell der Versuchung, zu viel zu bestellen. Weil's so schön aussieht und vollmundig klingt. Ich sag nur „mexikanisches Zwerggürkchen"! (Ich habe das Saatgut nur wegen des klangvollen Namens bestellt. Fragt mich in einem halben Jahr, was daraus geworden ist ...)

Beschränke dich für den Anfang auf ein paar Basics. Ich bin ein großer Fan der kleinen Anfänge und Babyschritte. Ein überschaubares kleines Beet garantiert zwar keine riesige Ernte. Aber es ist zu bewältigen und das sorgt dafür, dass man am Ball bleibt. Für den Anfang empfehle ich folgende Gemüse- und Obstsorten mit hoher Gelinggarantie: Pflücksalat, Rucola, Erdbeeren, Bohnen, Tomaten, Rote Beete, Zucchini, Kürbis, Gurken, Spinat, Mangold, Kräuter.

Kräuter, Tomaten, Zucchini, Gurken und Kürbis kannst du vorgezogen in einer Gärtnerei besorgen. Kümmere dich am Anfang nicht darum, diese selbst vorzuziehen, auch wenn das alle YouToube-Hobbygärtner*innen tun. Wie gesagt: Es muss immer zu bewältigbar bleiben. Wenn man sich zu Anfang übernimmt, verliert man die Lust, bevor auch nur eine einzige Tomate am Stock hängt.

Den Rest kannst du per Direktsaat anbauen. Halte dich immer an die Standortempfehlungen und den Wasserbedarf.

***Granny's Tipp:** Manche unserer mehrjährigen Kräuter sind nicht absolut winterhart. Bei Frost sind Rosmarin, Basilikum, Lorbeer oder Zitronenverbene in Gefahr, einen Kältetod zu sterben. Wenn du diese Kräuter gerne in deinem Beet haben möchtest, dann pflanze sie in einen großen Plastikpflanztopf, grabe ein ebenso großes Loch an einer sonnigen Stelle im Beet, stelle den Pflanztopf hinein und fülle alle Lücken mit Erde auf. Im Herbst nimmst du den Topf heraus und stellst ihn zum Überwintern in deinen Keller.*

Mehrjähriges Gemüse

In der Gemüsewelt gibt es wie bei den Blumenstauden ein paar Dauergäste, auf die es sich lohnt, einen Blick zu werfen. Einmal im Garten, erscheinen sie Jahr für Jahr wieder und können mühelos beerntet werden. Oft sind sie robuster als ihre einjährigen Geschwister.

Hier eine Auswahl:

Artischocken, Baumkohl (auch Ewiger Kohl genannt), Erdmandel, Guter Heinrich, Knollenziest, Luftzwiebeln, Meerrettich, Neuseeländer Spinat, Rhabarber, Topinambur, Wilde Rauke, Winterheckenzwiebel.

Voranzucht

Du kannst verschiedene Gemüsesorten, Kräuter und Blumen auf deiner Fensterbank vorziehen. Profis haben für diese Zwecke ein Gewächshaus, aber davon träume ich noch. Mir geht jedes Jahr der Platz vor meinem Südfenster aus und ich schwöre mir, im nächsten Jahr mit der Voranzucht zurückhaltender zu sein. Funktioniert hat der Vorsatz bisher nie.

Manche Gemüsesorten – vor allem die kälteempfindlichen – muss man vorziehen, damit sie im Garten sofort loslegen können. (Aber wie gesagt: Du kannst sie auch vorgezogen beim Gärtner kaufen.)

Dazu gehören: Tomaten, Zucchini, Auberginen, Kürbis, Chili, Gurken, Paprika, Physalis, Melonen.

Faustregel: Sechs Wochen vor dem Pflanzen sollte man mit der Voranzucht beginnen.

Ich züchte nicht nur Wärmeliebhaber vor, sondern alle Sorten, die bei Schnecken sehr beliebt sind. Meine Erfahrung hat mich gelehrt: Wenn die Pflanze bereits einen Vorsprung hat, kann sie Schneckenschäden besser bewältigen. Säe ich aber z. B. Salat oder Sonnenblumen direkt ins Beet, werden mir diese sofort weggefressen, sobald die Pflänzchen nur ein bisschen aus der Erde lugen.

Was du brauchst:

- Anzuchterde (Verwende unbedingt nur diese Erde zur Voranzucht, da die Keimlinge mit zu vielen Nährstoffen in der Erde überfordert sind.)
- Anzuchttöpfe – diese findest du im Handel. Aber: Du hast sicherlich bereits welche im Haus!

ALTERNATIVEN ZU ANZUCHTTÖPFEN:

Leere Tetrapacks

- Den Boden des Tetrapacks in einer Höhe von ca. 10 cm abschneiden. In den Boden ein Abflussloch schneiden. Die Tetrapacks mit Erde füllen und auf ein Plastiktablett oder anderen Untersatz stellen.

Blechdosen, Joghurt- und Sahnebecher

- Auch diese lassen sich mit einem kleinen Loch im Boden ganz wunderbar als Anzuchttöpfe verwenden. Ebenfalls auf einen wasserfesten Untersatz stellen.

Eierschachteln

- Schachteln mit Erde füllen, auf einen Untersatz stellen und in jede Vertiefung ein Samenkorn geben. Auf einem wasserdichten Untersatz platzieren. Später kann man dann die einzelnen Abteile abreißen und die Pflanze mit der Pappe direkt in den Garten pflanzen.

Pappröhren von Klopapier und Küchenrollen

- Halbiere eine Rolle quer (bei Küchenrollen dritteln) und knicke sie an einem der Enden so ein, dass die Rolle standfähig und unten verschlossen ist. Dabei ist es hilfreich, sie mit einer Schere an zwei oder drei Stellen etwas einzuschneiden, so lässt sich die Rolle besser knicken. Fülle frische Anzuchterde und die gewünschten Samen hinein. Auf einen wasserdichten Untersatz stellen. Auch diese kann man nach erfolgreicher Anzucht mit der Rolle direkt in die Erde setzen.

Gemüse- und Obstverpackungen

- Du kennst sicherlich diese Plastikverpackungen mit Deckeln von Weintrauben oder Cocktailtomaten. Das sind hervorragende Minigewächshäuser, in denen du

Paprika, Physalis, Auberginen und Chili anzüchten kannst. Die brauchen es nämlich richtig warm und feucht zur Keimung.

Alte Blumenpflanztöpfe

- Wenn ich Blumen im Gartencenter kaufe, dann behalte ich die Plastiktöpfe und nutze sie für die Voranzucht. Vor allem für die Arten, die schnell an Größe gewinnen: Zucchini, Tomaten, Gurken und Melone.

WICHTIG:

- Der Ort für deine Voranzucht sollte viel Licht bieten. Wenn du kein großes Südfenster hast und merkst, dass deine Pflänzchen vor sich hin kümmern und vergeilen (das bedeutet, sie bilden sehr lange, dünne Triebe), dann kannst du mit einer speziellen Pflanzenlampe nachhelfen.
- Die Erde immer feucht halten, aber nicht zu nass, da die Samen verrotten und sich schnell Schimmel bildet. Anfangs besprühe ich das Erdreich nur, sodass die Samen nicht ausgeschwemmt werden.
- Voranzuchtbehälter unbedingt beschriften.

***Grannys Tipp:* Hebe alte Feinstrumpfhosen auf. In Streifen geschnitten eignen sie sich wunderbar zum Anbinden von Pflanzen wie z. B. Tomaten, Stauden oder jungen Obstbäumen.**

Ich bin immer sehr übereifrig mit der Voranzucht und habe am Ende viel zu viele Jungpflanzen. Das hat zu einer schönen Tradition geführt: Anfang Mai veranstalte ich meinen Jungpflanzen-Flohmarkt. Ich stelle an der Straße einen Tisch mit meinen überschüssigen, beschrifteten Jungpflanzen auf und stelle eine kleine Spendenkasse dazu. Unseren gärtnerischen Überfluss dürfen wir teilen und mir macht es Freude, wenn Tomaten, Zucchini, Zinnien, Sonnenblumen und Melonen reißenden Absatz finden und den neuen Besitzern hoffentlich reiche Ernte bringen.

VORANZUCHTKALENDER

- **Anfang Februar**: Aubergine, Chili, Peperoni, Physalis, Paprika, Rotkohl
- **März**: Blumenkohl, Brokkoli, Fenchel, Mangold, Kohlrabi, Knollensellerie, Erbsen, Lauch, Spitzkohl, Weißkohl, Wirsing
- **April**: Melone, Gurke, Kürbis, Zucchini, Mais, Stangenbohne, Rosenkohl, Tomaten, Gurken, Salat
- **Mai**: Grünkohl

DIREKTSAAT-KALENDER

- **Februar** (wenn das Erdreich frostfrei und bereits ein wenig erwärmt ist): Puffbohne, Radieschen
- **März:** Möhre, Pastinake, Wurzelpetersilie, Schwarzwurzel, Saat- und Steckzwiebel, Lauch, Erbse, Puffbohne, Radieschen, Feldsalat, Salate, Gartenmelde, Mairübe
- **April**: Rote Bete, Salate aller Art, Radieschen, Erbsen, Saat- und Steckzwiebeln, Mangold, Lauch, Kartoffel
- **Mai**: Steckrübe, Bohnen, Salate, Fenchel, Pastinake, Mangold
- **Juni**: Zuckerhut, Radicchio, Pak Choi, Herbstsorten des Blumenkohls, Radieschen, Salate, Möhren, Fenchel, Speiserüben, Pastinake
- **Juli**: Rettich, Salate, Radieschen, Möhre, Herbstrübe/Speiserübe, Chinakohl, Pak Choi
- **August**: Feldsalat, Rettich, Winterheckenzwiebel, Chinakohl, Salate, Radieschen, Herbstrübe, Mangold
- **September**: Winterheckenzwiebel, Salate, Radieschen, Gründüngung, Wintersalate, Spinat, Schwarzwurzel, Mangold
- **Oktober**: Asia-Salate, Blattsenf, Knoblauchzehen stecken
- **November**: Asia-Salate, Postelein

Grannys Tipp: Je öfter man die Pflanzen behackt, den fest gewordenen Boden auflockert und von Unkraut befreit, desto vorteilhafter ist es für die Pflanzen. Auch Wasser kann besser versickern und fließt nicht einfach ab.

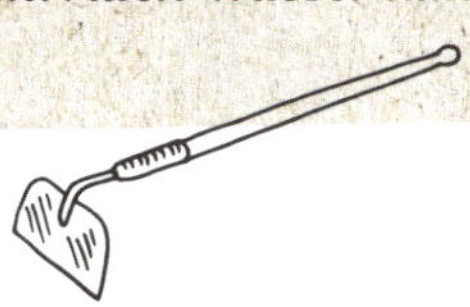

Anbauplan

Eine meiner Gartenlieblingsarbeiten findet nicht im Garten statt, sondern am Esstisch. Im Januar. Mit einer Tasse Kaffee und den Blick auf den frosterstarrten Garten, wo ein paar wenige Lauchstangen der Kälte die Stirn bieten.

Ich habe ein spezielles Heft, in das ich jedes Jahr meinen Anbauplan zeichne und schreibe. Der Vorteil an einem Garten-Tagebuch: Ich kann nachverfolgen, was ich im letzten Jahr wo angebaut habe. Das ist aus dem Grund wichtig, da es bei Gemüse Stark- und Schwachzehrer gibt. Man sollte also auf einem Beet, wo im Vorjahr z. B. der Kohl (Starkzehrer) stand, im Folgejahr Schwachzehrer (z. B. Kopfsalat) anbauen. Außerdem verzeichne ich genau, welches Saatgut ich neu ordern muss. Dazu sichte ich meine Saatgutkiste. Was ist noch da? Was brauche ich?

Und dann geht es ans Werk. Ich zeichne den Garten auf und schreibe in jedes Beet, welche Sorten ich wann dort anbauen werde. Dabei achte ich darauf, Sorten, die sich besonders gut vertragen, nebeneinanderzusetzen, z. B. Zwiebeln und Möhren.

Ich plane auch Blumen und blühende Kräuter mit ein, die Bestäuber in die Beete locken und die strengen Reihen fröhlich aufmischen. Meine Lieblinge heißen: Borretsch, Ringelblumen, Dill, Kapuzinerkresse, Kamille und Tagetes. Einige davon beleben den Boden und halten Schädlinge auf Abstand.

Buchtipp zu Mischkultur und Fruchtfolge: Schwester Christas Mischkultur: Im Einklang mit der Natur gärtnern (Jutta Langheineken/Sr. Christa Weinrich, Verlag Eugen Ulmer 2016)

Apropos Schädlinge!

Neben schlechten Bodenbedingungen habe ich mit Schädlingen am meisten zu kämpfen. Du bist also nicht allein mit deinen Schnecken- und Weißfliegeninvasionen. Über dieses Thema wurde schon so viel geschrieben. Manche proklamieren eine Methode zur Schneckenbekämpfung als die einzig seligmachende. Und es kann sein, dass diese bei dir zu Hause gar nicht funktioniert. Also auch hier: try und error. Die Bierfalle gegen Nacktschnecken zum Beispiel setzte ich erfolgreich ein. Zu erfolgreich, wie sich herausstellen sollte. Sie lockte nur noch mehr Schnecken in den Garten. Auch die äußerst nützlichen Tigerschnegel erlitten einen berauschenden Biertod und damit hatte sich diese Methode für mich erledigt.

Tipps zur friedlichen Koexistenz mit Schädlingen:

- Nutze bitte nicht die chemische Keule.
- Mache deinen Frieden damit, dass du einen Teil deiner Ernte immer mit anderen Lebewesen teilen wirst. Mit dieser Einstellung habe ich einen entspannteren Zugang zum Gärtnern gefunden.
- Gegen Schnecken habe ich alles ausprobiert. Am besten hilft immer noch das Ablesen am späten Abend. Auch Beeteinfassungen mit Schneckenabwehrkanten sollen sich als wirkungsvoll erwiesen haben. Also gleich mit einplanen, wenn du einen neuen Garten anlegst!
- Blattläuse behandle ich mit einer Mischung aus Gießwasser und Neemöl, die ich in den frühen Morgenstunden auf die betroffenen Stellen sprühe.
- Die Weiße Fliege ist ein winziger Plagegeist, der es sich auf meinen Kohlpflanzen gemütlich macht und dort in Kolonien bevorzugt an den Blattunterseiten haust. Schneide Brennnesseln klein, übergieße sie mit Wasser und lass die Mischung ein paar Tage stehen. Den so entstandenen Sud wiederholt auf die betroffenen Stellen aufbringen. Auch Neemöl – genau wie bei den Blattläusen angewandt – schafft Abhilfe.
- Der Kohlweißling ist ein hübscher Bursche, aber er legt seine Eier gerne auf Kohlpflanzen, wo die Raupen großen Schaden anrichten können. Ich bedecke daher meine frisch gepflanzten Kohlpflänzchen mit einem Gemüseschutznetz. Das hindert die Schmetterlinge an der Eiablage.

Ein Reisighaufen bietet unzähligen Kleinlebewesen und Igeln ein Zuhause (die wiederum gerne Schnecken vertilgen). Unter Steinhaufen machen es sich Kröten bequem. Sandige Stellen sind ein idealer Ort für Erdbienen. Und wenn du in totes Holz ein paar Löcher bohrst, werden sich dort vielleicht Schlupfwespen ansiedeln, die eine Wunderwaffe gegen Kohlweißlinge, Blattläuse und die Weiße Fliege sind. Verbanne Thuja und Kirschlorbeer und pflanze vogel- und bienenfreundliche Hecken. Lass einen Teil deiner Wiese wachsen und mähe sie nur alle 6-8 Wochen.

Je natürlicher wir gärtnern, ohne Pestizide, ohne Insektizide, ohne Schotterflächen und abgeriegelte Grundstücke (Stichwort Gabionen!) und auch wilde Ecken im Garten zulassen, desto mehr Nützlinge werden sich ansiedeln, die wiederum für ein besseres Gleichgewicht sorgen. Ich musste erst lernen, „unordentliche" Stellen zuzulassen. Wenn ich aber nun an Sommerabenden Igel auf ihrer Wanderung durch den Garten beobachte und die lustigen Erdbienen beobachte, dann geht mir das Herz auf und ich weiß, die vermeintliche Unordnung ist in Wirklichkeit ein heiler Garten.

Dünger

Wenn du deinen Garten einmal im Jahr mit Kompostgaben verwöhnst, dann brauchst du während der Vegetationszeit nur einen zusätzlichen Wachstumshelfer: Pflanzenjauche.

Die Jauche ist eine feine, aber sehr stinkende Angelegenheit, die schnell hergestellt ist.

BRENNNESSELJAUCHE

Du brauchst:

- **ein großes Holz- und Kunststoff-Fass** (Ich benutze einen ausgedienten 40-l-Plastikmülleimer.)
- **reichlich klein geschnittene Brennnesseln**
- **Gitter und Abdeckung**

Gib zunächst die Brennnesseln in dein Gefäß und fülle es mit Regenwasser auf. Nicht ganz bis zum Rand, denn bei der Gärung wird Schaum entstehen. Stelle das Gefäß an einen

sonnigen Ort und decke es mit einem Drahtrost oder Gitter ab, sodass keine Kleintiere und Vögel hineinfallen können. Täglich umrühren. Bald wird sich ein sehr strenger Geruch entwickeln. Als Linderung kann man eine Handvoll Gesteinsmehl über die Oberfläche streuen, das bindet den Gestank. Nach ca. einer Woche ist die Jauche gebrauchsfertig. Das erkennst du daran, dass die Jauche eine dunkle Farbe angenommen hat und nicht mehr schäumt. Decke die Jauche mit einem Deckel oder Brett ab.

Zum Gießen verdünnst du die Jauche im Verhältnis 1:10. Für deinen Indoor- oder Balkongarten kannst du auch kleinere Mengen mit getrocknetem Brennnesselkraut ansetzen. Einmal pro Woche anwenden.

Bis auf Bohnen, Erbsen, Zwiebeln und Knoblauch werden alle deine Pflanzen diese reichhaltige Düngergabe lieben!

Du kannst die Jauche aber auch mit anderen Pflanzen ansetzen: Beinwell, Knoblauch, Kamille, Löwenzahn, Schachtelhalm, Giersch.

Es macht Spaß, auszuprobieren, welche Pflanzen auf welche Brühe besonders gut reagieren!

Wasser

In meinen ersten Jahren als Gärtnerin hatte ich eine kleine Regentonne, die in heißen Sommern Gießwasser für maximal eine oder zwei Wochen lieferte. Danach – du ahnst es schon – musste ich auf Leitungswasser zurückgreifen, was unsere Wasserrechnung in die Höhe trieb. Für kleine Gärten reicht eine Regentonne, aber wenn du im größeren Stil gärtnerst und den Platz hast, empfehle ich einen oder sogar mehrere 1000-Liter-Wassertanks oder eine Zisterne.

Tipps rund ums Wassermanagment im Garten:

WANN UND WO GIESSEN?

Nie in der prallen Tageshitze gießen, da sonst das Wasser zu schnell verdunstet und nicht ins Erdreich eindringen kann.

Viele schwören darauf, am frühen Morgen zu gießen. Andere auf den Abend. Wenn du in einer schneckenfreien Gegend lebst, macht das meiner Meinung nach keinen großen Unterschied. Ich persönlich gieße abends nicht, da die Feuchtigkeit ansonsten die kleinen Biester anzieht.

Es reicht, deine Pflanzen seltener und dafür durchdringend zu gießen. Warum? Der Pflanze nutzt es nicht viel, wenn nur die Oberfläche benetzt wird und das Wasser nicht an die Wurzeln dringt. Wird selten, dafür aber reichlich gegossen, sodass das Wasser tief in den Boden eindringt, wachsen die Wurzeln weit nach unten und finden dort auch an trockenen Tagen noch etwas Feuchtigkeit. Falls aber deine Pflanzen Anzeichen des Verdurstens zeigen, dann quäle sie nicht unnötig.

Nur direkt an der Wurzel gießen, nicht die ganze Pflanze. Gerade in der Mittagssonne wirken Tröpfchen auf der Blattoberfläche wie ein Brennglas und können deinen Pflanzen Schaden zufügen.

MULCHEN

Mulchen ist meine absolute Lieblingsmethode, die ich von meiner Mutter gelernt habe. In der Natur kommt nackte Erde nicht vor (außer in Wüsten). Erde sollte immer bedeckt sein. Das wirkt einer zu schnellen Verdunstung entgegen, schützt den Boden, unterdrückt Beikräuter, schafft ein gutes Kleinklima rund um deine Pflanzen und reichert den Boden mit Nährstoffen an. Du kannst mit Grasschnitt, Hackschnitzeln, Kompost, Schafwolle, Stroh und Laub mulchen. Wichtig: Gerade beim Grasschnitt sollte die Schicht nicht zu dick sein, da sonst Schimmel droht. Lieber öfter und dafür dünner mulchen.

Grannys Tipp: Auch Topfpflanzen können eine Mulchschicht aus Grasschnitt vertragen. Gerade sie trocknen in den heißen Sommermonaten schnell aus und der Mulch verhindert eine zu schnelle Verdunstung.

MULDEN UND RINNEN

Rund um deine Gemüsepflanzen kannst du Mulden und Rinnen ziehen. Diese fangen Gieß- und Regenwasser auf und lassen es langsam versickern.

OLLAS

Ollas (sprich: Ojas) sind Wasserspeichergefäße aus Ton. Das Prinzip ist simpel und genial. Du befüllst die Ollas mit Wasser, verschließt sie und gräbst sie in dein Beet oder Hochbeet nahe deiner durstigen Pflanzen ein. Durch den porösen Ton geben die Ollas langsam und stetig Wasser ab. Man kann sich Ollas leicht selbst bauen. Anleitungen dazu findet man zuhauf im Netz.

Weitere Tipps für hitzegeplagte, trockene Gärten:

- Mediterrane Kräuter und Präriestauden anpflanzen (Diese brauchen kaum Wasser und gedeihen auch in der größten Sommerhitze.)
- Bäume und Sträucher als Beschattung nahe von Gemüse- und Blumenbeeten pflanzen.
- Dicht pflanzen! Je weniger Boden zu sehen ist, desto geringer ist die Gefahr des Austrocknens.
- Während Trocken- und Hitzeperioden keinen Rasen mähen. Je kürzer das Gras, desto rascher verbrennt es.

Kompost

Manch einer fürchtet sich ein wenig vor dem Kompostieren. Die einen schrecken vor dem Geruch zurück, die anderen vor der Unordnung. Und wenn man sich dann doch mit dem Thema Kompost auseinandersetzen will, schüchtern komplizierte Anleitungen ein. Einige passionierte Gärtner betreiben das Kompostieren wie eine Wissenschaft. Was ihnen gegönnt sei.

Wir halten es so einfach wie möglich: Such dir ein Eck im Garten, das nicht zu weit vom Haus entfernt und trotzdem versteckt liegt. Am besten hinter Sträuchern oder Bäumen. (Ich habe neben meinen Komposthaufen eine Reihe Hainbuchen gepflanzt, die als Sichtschutz und Beschattung dienen.) Der Fußweg vom Biomülleimer zum Komposthaufen sollte so kurz wie möglich sein. Und der gewählte Ort darf nicht in der prallen Sonne liegen, da der Kompost ansonsten austrocknet.

Dort kannst du den Kompost als freien Haufen schichten, was zwar ein bisschen unordentlich aussehen kann, aber dir freien Zugang von allen Seiten verschafft.

Oder du baust dir eine Miete. Du kannst sie aus Holz, Metall oder Stein errichten. Merke: Du brauchst immer zwei Mieten. Sobald die erste voll ist, schichtest du um in die zweite. Deshalb ist es auch wichtig, dass der Kompost immer von vorne zugänglich ist. Es gibt zig Möglichkeiten und Modelle. Ich habe für meine Miete drei Holzpaletten miteinander verschraubt und vorne Bretter eingefügt, die ich einzeln wieder entnehmen kann. Der Nachteil: Nach einigen Jahren rotten Holzmieten durch und müssen ersetzt werden. Sobald die Miete steht, kannst du mit dem Befüllen beginnen.

Das darf alles hinein: Küchenabfälle, Rasenschnitt (Am besten vorher erst antrocknen lassen, damit sich kein Schimmel bildet. Bei mir landet er sowieso nie auf dem Kompost, da ich

ihn als Mulch in meine Beeten ausbringe.), Laub, Stroh, klein geschnittener Reisig.

Was nicht auf den Kompost darf: Gekochte Reste (Vor allem kein Fleisch- und andere proteinhaltige Lebensmittel. Das zieht Ratten an.), Zitrusschalen von gespritzten Früchten, Aschereste, Pflanzenreste, die von Krankheiten befallen sind, Beikräuter, die bereits Samen tragen.

Nun lässt du den Kompost langsam und stetig seine feine Arbeit tun. Milliarden Mikroorganismen verwandeln scheinbar wertlosen Abfall in fruchtbare Erde. Das kann man sogar fühlen. In manchen Komposthaufen kann die Temperatur auf bis zu 70 Grad Celsius steigen!

Der Kompost braucht zur idealen Zersetzung ab und zu Sauerstoff. Deshalb schichte ich ihn zweimal im Jahr um. Im Frühjahr und Herbst. Hier kommt jetzt die zweite, leere Miete ins Spiel. Ich schichte den Kompost so lange in die zweite Miete um, bis ich auf reife Komposterde stoße. Diese erkennt man an der satt-dunklen Farbe, an der feinen Konsistenz und vor allem am Geruch. Reifer Kompost sollte immer ein bisschen nach Wald duften. Diesen Kompost kannst du direkt auf die Beete ausbringen, vor allem auf die Beete, auf denen deine Starkzehrer wachsen sollen. Ich nutze diesen Kompost für alles (bis auf mediterrane Kräuter): Gemüsebeete, Erdbeeren, Obststräucher, Baumscheiben, Rabatten, Blumenbeete, Pflanztöpfe. Überall sorgt Kompost für verbesserte Böden.

Ich werfe mit einer Schaufel vorab den reifen Kompost durch ein sogenanntes Durchwurfsieb, das man in jedem Baumarkt bekommt. Es lohnt sich, dieses mit Nachbarn gemeinsam anzuschaffen, da es die meiste Zeit des Jahres nutzlos rumsteht. Die dabei entstehende, feinkrümelige Erde ist ein absoluter Traum – einer meiner Gartenhöhepunkte!

Wer keinen Platz für eine Kompostmiete hat, kann auf einen Thermokomposter, Bokashi-Eimer oder die Wurmkiste zurückgreifen. Dafür findet sich selbst auf dem kleinsten Balkon Raum. Der Vorteil: Diese Methoden beschleunigen den Reifeprozess ungemein. Im Thermokomposter hat man bereits nach 6-8 Wochen reifen Kompost. Und der Bokashi-Eimer, den man auch in der Küche platzieren kann, liefert nach 2-3 Wochen wertvollen Flüssigdünger.

Grannys Tipp: Gegen Kompostgeruch hilft Urgesteinsmehl. Ich habe immer welches zur Hand, da ich beim Pflanzen im Frühjahr gerne davon ein bisschen in jedes Pflanzloch gebe. Es bereichert nicht nur den Boden mit Mineralstoffen, sondern bindet auch unangenehme Gerüche. Einfach etwas davon auf den „Stinker" streuen und bald wird er Ruhe geben.

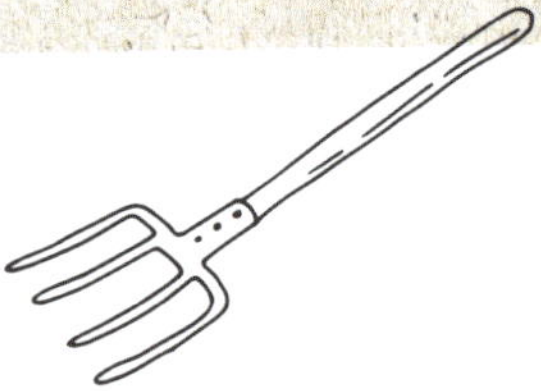

Ausrüstung

Gartencenter und -kataloge locken uns mit einer Vielfalt an Produkten, die wir alle unbedingt im Garten brauchen. Alle!

Nein, brauchen wir nicht. Lassen wir uns nicht einlullen, sondern granny-pragmatisch an die Sache herangehen. Du musst – wie in allen Lebensbereichen – nicht alles neu kaufen. Gerade bei Gartengeräten kann man eine große Summe Geld loswerden. Manches hast du vielleicht bereits zu Hause. Anderes kannst du gebraucht kaufen.

Diese Geräte gehören zur Grundausrüstung:

- Spaten (Achte beim Kauf auf einen stabilen Stiel und eine scharfe Kante.)
- Schaufel
- Gießkanne
- Grabgabel
- Gartenschere
- Rechen
- Heckenschere (falls du Hecken zum Beschneiden hast)
- Pflanzkelle
- Unkrauthacke
- Schubkarre
- bei Bedarf: Rasenmäher

Ich muss zugeben, dass ich diese Geräte jahrelang sehr stiefmütterlich behandelt habe. Aber mit der Zeit lernte ich: Je besser ich mein Werkzeug pflege, desto länger ist es einsatzfähig. Ein gutes Werkzeug sollte einen viele Jahre lang treu begleiten. Das schont Ressourcen und den Geldbeutel.

TIPPS:

Rasenmäher

- Vor der Winterpause den Rasenmäher gründlich reinigen und den Tank vollständig entleeren. (Der Treibstoff verliert über die lange Ruhezeit seine Zündfähigkeit.)
- Öl- und Luftfilterwechsel sowie Messerschärfen beim Fachmann vornehmen lassen. Am besten im Rahmen einer jährlichen Inspektion. Manches kann man auch selbst machen – Youtube-Anleitungen gibt es zu diesem Thema zuhauf.
- Wichtig bei allen Arbeiten am Rasenmäher: Nicht auf die Seite kippen, sondern immer nach hinten. Auslaufendes Öl könnte sonst Luftfilter, Vergaser oder Zylinderkopf überfluten.
- Bei Elektrorasenmähern den Akku über den Winter frostfrei aufbewahren.

Gartengeräte

- Nach Gebrauch Geräte säubern und abtrocknen.
- Werkzeug nie im Regen liegen lassen.
- Gartengeräte an einem trockenen Ort aufbewahren.
- Bei Rostbefall das Werkzeug mit einer Drahtbürste oder Schleifpapier säubern und hinterher mit Ballistolöl oder WD 40 behandeln.
- Stumpfe Klingen schärfen, wie z. B. den Spaten, die Garten- und Heckenschere.
- Holzstiele überprüfen. Raue Stellen mit feinem Schleifpapier nacharbeiten. Mit einer 50:50-Mischung aus Leinöl und Terpentin behandeln. (Wegen der Selbstentzündungsgefahr verwendete Lappen niemals offen lagern, sondern nur in einer Dose oder einem verschließbaren Glas.)
- Bei locker sitzenden Holzstielen einen Holz- oder Eisenkeil einschlagen.

Haltbarmachung

Eigene Vorräte anlegen ist wie ein Joker, den man an Wintertagen aus dem Keller holt: Apfelmus, saure Gurken, Tomatensoße, eingefrorene Brombeeren, Marmelade, Sirup, Sauerkraut usw. Man braucht zur Haltbarmachung noch nicht mal einen eigenen Garten. Halte Ausschau nach Obst und Gemüse, das billig im Angebot ist.

Zum Beispiel Erdbeeren: In meinem Garten wachsen zwar Erdbeeren, aber kaum sind sie reif, wandern sie in Müslis und Smoothies. Es bleibt nie genug für einen üppigen Vorrat übrig. In unserer Gegend stehen überall an den Straßen kleine Erdbeerverkaufshäuschen. Dort frage ich nach, ob Obst vom Vortag im Angebot ist. Oft ergattere ich eine oder zwei Stiegen Erdbeeren zum halben Preis. Die wandern ins Marmeladenglas und püriert in die Kühltruhe. (Erdbeermarmelade verliert nach ca. zwei Monaten an Geschmack und verändert auch ihre Farbe. Aus dem tiefgekühlten Erdbeerpüree lässt sich im Winter frische Marmelade kochen und ein Stück Sommer ins Haus holen.)

Ich habe in den letzten Jahren viel ausprobiert. Marmeladen und Chutneys waren immer ein Erfolg. Fermentieren liegt mir leider nicht im Blut. Und der herbe Aroniasaft wartet nach drei Jahren im Keller immer noch darauf, dass man sich seiner erbarmt.

Auch bei der Haltbarmachung sollte man sich an die Lebensphilosophie der kleinen, machbaren Schritte halten. Lieber weniger und sehr einfach, als sich selbst zu überfordern mit arbeitsintensiven, exotischen Rezepten, die am Ende niemand mag.

Mit folgenden Methoden kannst du deine eigene (oder die gekaufte) Ernte über den Winter bringen:

EINKELLERN UND EINMIETEN

Wer einen Erdkeller besitzt, lagert Wurzelgemüse in Sand, Kartoffeln in der Horde, Kohl in einer Kiste. Eine Alternative sind Erdmieten. Dazu gräbt man z. B. eine alte Waschmaschinentrommel in die Erde ein, füllt sie mit Pastinaken, Petersilienwurzel, Sellerie, Rote Bete, Kohl und Kartoffeln. Mit einer Styroporplatte verschließen, die man zusätzlich mit einem Stein beschwert.

DÖRREN UND TROCKNEN

Äpfel, Birnen, Tomaten, Pflaumen, Mirabellen, Pilze, Würz- und Teekräuter lassen sich hervorragend dörren. Gerade getrocknetes Obst ist bei Kindern sehr beliebt und behält alle Nährstoffe.

An sehr heißen, sonnigen Tagen lege ich das möglichst dünn geschnittene Dörrgut auf einem schwarzen Backblech in die Sonne. Wenn man viel dörrt, lohnt sich die Anschaffung eines Dörrapparats. Ein Solartrockner ist eine energiesparende Alternative.

Nussvorräte anlegen ist denkbar einfach: Nüsse auflesen und ausgebreitet in der Nähe einer Wärmequelle für 4-6 Wochen trocknen lassen. Wichtig: Alle paar Tage wenden, damit sie von allen Seiten gleichmäßig durchtrocknen.

EINMACHEN UND EINKOCHEN

Diese Methoden bieten einen bunten Reigen an Möglichkeiten: Marmeladen, Gelees, Mus, eingewecktes oder eingelegtes Gemüse und Obst, Säfte und Chutneys.

EINFRIEREN

Gemüse wie z. B. Kohlrabi, Brokkoli, Bohnen, Spinat, Erbsen, Mangold und Karotten ggf. in mundgerechte Stücke schneiden, kurz blanchieren, abkühlen lassen und in Beuteln einfrieren. Gefrierbeutel verwende ich so oft, bis sie auseinanderfallen. (Mittlerweile haben sie ihren Geist aufgegeben und ich bin nun stolze Besitzerin von mehrfach verwendbaren Silikonbeuteln.) Nach Gebrauch mit Seifenwasser gründlich ausspülen, von beiden Seiten trocknen lassen. Als Alternative nutze ich auch gerne Schraubgläser. (Nie bis ganz zum Rand füllen, da sonst das Glas platzen kann.)

Beerenobst lege ich auf ein großes Brett, stelle es in die Gefriertruhe und sobald die Beeren gefroren sind, fülle ich sie in eine Tüte oder Glas. Das verhindert das Aneinanderkleben des Obstes.

MILCHSAUER EINLEGEN/FERMENTIEREN

Gemüse milchsauer einlegen ist eine der ältesten bekannten Formen der Haltbarmachung. Dazu braucht man weder Gefriertruhe noch Weckautomat. Wir alle kennen Sauerkraut, aber man kann noch sehr viele weitere Gemüsesorten milchsauer einlegen. Literatur dazu findest du im Anhang.[13] (Wie gesagt: Ich bin kein Fermentierprofi und überlass lieber anderen dieses Feld.)

AUF DEM BEET LASSEN

Diese Methode ist meine liebste, weil sie keinerlei Arbeit macht und auch im Winter frisches, leckeres Gemüse direkt aus dem Beet auf den Teller liefert. Ich baue jedes Jahr winterhartes Gemüse an, das dem Frost trotzt und bis zum Frühjahr im Beet bleiben kann. Dazu gehören: Grünkohl, Winterspinat, Lauch, Rosenkohl, Feldsalat, Topinambur, Pastinaken, Chicoree, Wirsing, Postelein, Asiasalate, Schwarzwurzel.

EINSALZEN

Frische Kräuter kannst du durch Einsalzen haltbar machen. Das geht denkbar einfach und verleiht deinen Gerichten eine aromatische Note. (Siehe S. 195)

Rezepte

WILDPFLAUMEN-CHUTNEY

(Du kannst für dieses Chutney auch Mirabellen oder Pfirsiche verwenden – beides schmeckt vorzüglich. Vor allem zu gebratenem Fisch, Käse und Currygerichten.)

Wildpflaumen findet man an vielen Stellen, mitten in der Natur. Sie werden auch Kirschpflaume oder Wilde Mirabelle genannt und besitzen die hübscheste blau-rote Färbung. Du kannst dir einen Wildpflaumenbaum auch in den Garten pflanzen. Er wird nicht übermäßig groß und eignet sich zur Beschattung von Beeten. (Im Frühjahr ist er das reinste Blütenmeer.)

- **1 ½ kg Wildpflaumen, entsteint und geviertelt**
- **250 g brauner Zucker**
- **2 EL Ras-El-Hanout oder Currypulver**
- **2 Knoblauchzehen, gehackt**
- **150 ml Balsamicoessig**
- **1 TL Salz**

Alle Zutaten mischen und in einen großen Topf geben. Aufkochen und dann bei mittlerer Hitze ca. 1 Stunde köcheln lassen. In vorbereitete, sterilisierte Gläser füllen und auf dem Deckel stehend abkühlen lassen. Ca. 6 Monate haltbar. Nach Anbruch im Kühlschrank aufbewahren.

APFELMUS

Apfelmus ist unendlich vielseitig. Und sättigend. Es ist billig, wird von Kindern gerne gegessen (und von Erwachsenen). Ein üppiger Wintervorrat lässt sich leicht und schnell anlegen. Deshalb will ich dir mein Rezept wärmstens empfehlen. Apfelmus schmeckt zu Pfannkuchen, Joghurt, Müslis, Pudding, Reisbrei, Kartoffelpuffern oder einfach so mit einem Schuss Sahne und einer Prise Zimt.

- **2 kg Äpfel**
- **¼ l Apfelsaft**
- **Zimt nach Belieben**

Bei Falläpfeln wurmige Stellen entfernen. Äpfel klein schneiden und in einen großen Topf geben. (Ich drehe die weichgekochten Äpfel immer durch eine Flotte Lotte, die Kerne und Schalen zurückbehält. Falls du keine Flotte Lotte besitzt, dann schäle die Äpfel, befreie sie vom Gehäuse und würfele sie.) Je mehliger die Äpfel sind, desto grober kann man sie zuschneiden, da sie beim Kochen schnell zerfallen. Mit dem Apfelsaft und dem Zimt so lange köcheln, bis die Äpfel zerfallen. Das dauert je nach Apfelsorte unterschiedlich lange. Nun kannst du die Masse pürieren und abschmecken. Wenn dir das Mus zu sauer ist, dann gebe noch etwas Zucker oder Ahornsirup hinzu. Abkühlen lassen. Bis 3 cm unter den Rand in Gläser mit Schraubverschluss oder in Silikonbeutel füllen und in die Gefriertruhe schichten.

PIEFÜLLUNG

Aber was, wenn die Kühltruhe vor Apfelmus platzt und die Apfelschwemme trotzdem kein Ende nimmt? Dann empfehle ich vorgefertigte Piefüllungen. Diese lassen sich prima vorbereiten, einfrieren und wenn man dann im Januar Lust auf eine Apple Pie hat, muss man nur den Teig vorbereiten und die Füllung hineingeben. Einfacher geht's nicht!

Mit der Piefüllung kann man auch ganz hervorragend einen leckeren Crumble zubereiten.

- **8 Äpfel** (Du kannst auch anderes Obst beimischen. Besonders gut passen alle Beerensorten, Mirabellen, Pflaumen und Wildpflaumen. Einfach die Anzahl der Äpfel auf sechs Stück pro Pie reduzieren und dann noch zwei Handvoll anderes Obst hinzufügen.)
- **2 EL Zitronensaft**
- **2 EL Ahornsirup**
- **100-150 g brauner Zucker**
- **1 TL Zimt, je eine Messerspitze Muskatnuss und Nelken**
- **2 gehäufte EL Speisestärke**

Äpfel schälen und in dünne Scheiben schneiden. Mit den restlichen Zutaten vermischen. In einen Gefrierbeutel füllen, verschließen und einfrieren. Vor dem Backen auftauen und erst dann (!!) die Speisestärke unterrühren.

PIETEIG:

- 300 g Mehl
- 180 g Butter
- 1 Prise Salz
- 3-5 EL Eiswasser
- etwas Milch und brauner Zucker

Mehl in eine Schüssel geben. Butter in kleine Flöckchen schneiden und mit dem Salz auf das Mehl streuen. Nun mit einer Gabel die Butter so lange in das Mehl drücken, bis eine krümelige Masse entstanden ist. Das Eiswasser hinzugeben und alles möglichst schnell mit der Hand durchkneten, bis ein glatter Teig entsteht. Eine Stunde lang kühl stellen.

Den Teig halbieren, die eine Hälfte ausrollen und in eine gefettete Pieform geben. Den überstehenden Rand abschneiden. Die Piefüllung hineingeben. Den restlichen Teig ausrollen und wie eine Decke über die Pie legen. In die Mitte ein walnussgroßes Loch schneiden. Den Rand mithilfe einer Gabel festdrücken und den überschüssigen Teig abschneiden. Mit Milch bestreichen und bei Belieben mit braunem Zucker bestreuen.

Bei 225 Grad 10 Minuten backen, dann die Hitze auf 180 Grad herunterdrehen und weitere 40 bis 45 Minuten langsam backen. Falls der Deckel droht, zu dunkel zu werden, mit Alufolie abdecken.

Schmeckt lauwarm mit Vanilleeis oder ganz abgekühlt mit Schlagsahne. (Uns persönlich schmeckt die Pie am besten nach einem Tag Ruhezeit!)

Grannys Tipp: Die Teigreste ausrollen, Kekse ausstechen und mit Hagelzucker bestreuen. Für 10 Minuten im Ofen mitbacken.

BIRNENMARMELADE

In dem Garten meiner Eltern steht ein Birnbaum, der die köstlichsten Birnen trägt. Sie schmelzen auf der Zunge und schmecken süßer als jedes Bonbon. Aus diesen Birnen kocht meine Mutter eine Marmelade, die alle Marmeladen dieser Welt übertrifft. (Ich fragte meinen Mann und meine Kinder, ob diese Aussage denn stimme, und sie nickten so eifrig, dass ihnen beinahe die Köpfe wegflogen.)

Du kannst diese Marmelade auch kochen, brauchst aber Birnen, die ganz weich und süß sind. Also quasi fünf Minuten bevor du sie wegschmeißen würdest. Tu es nicht. Koch Marmelade. Die Herzen werden dir zufliegen.

„Kind, für dieses Rezept brauchst du überreife Birnen, sonst schmeckt die Marmelade nicht so, wie sie schmecken soll!“

- **1 Kilo geschälte, klein geschnittene weiche, süße Birnen**
- **1 Päckchen Gelierzucker 2:1 oder 3:1**
- **Saft von einer Zitrone**

Zitrone auspressen und den Saft mit den klein geschnittenen Birnen sowie dem Gelierzucker in einen großen Topf geben. Erhitzen und vier Minuten sprudelnd kochen. Ständig umrühren. In saubere, sterilisierte Gläser bis zum Rand abfüllen.

EINGEWECKTE ZUCCHINI MIT INGWER, KURKUMA UND HONIG

(für ca. 4 Weckgläser à 370 ml oder vergleichbare Twist-Off-Gläser)

- 2 Kilo Zucchini (nur das feste Fleisch)
- 2 Zwiebeln
- 70 g Salz
- 2 EL Koriander, ganz
- 1 EL Senfkörner
- eine Prise Chiliflocken
- 1 ½ TL Kurkuma
- 80 ml Honig
- 1 daumengroßes Stück Ingwer, geschält und in dünne Scheiben geschnitten
- 1 ½ l Apfelessig (5 % Säure)

Zum Einwecken:

- traditionelle Weckgläser, Gummiringe und Deckel
- Weckautomat
- Alternativ: Twist-Off-Gläser

Zucchini waschen und in ca. 0,5 cm dicke Stifte schneiden. Die Zwiebeln vierteln und in dünne Scheiben schneiden. Zucchini und Zwiebeln in eine Schüssel geben und mit 70 g Salz vermengen. Mit einer Schicht Eiswürfel bedecken und 8 Stunden (am besten über Nacht) an einem kühlen Ort stehen lassen. Am nächsten Tag das Wasser abgießen, das Gemüse gut durchspülen. Mit Koriander, Senfkörnern und Chiliflocken vermengen.

Essig, Honig, Kurkuma zusammen mit 350 ml Wasser aufkochen. 1 TL Salz untermengen.

Die Weckgläser (oder Schraubgläser), Deckel und Gummiringe sterilisieren.

In jedes Glas ein paar Scheiben Ingwer geben. Dann die Zucchini und Zwiebeln hineinpacken. Mit der heißen Flüssigkeit bis kurz unter den Rand auffüllen.

Mit einem feuchten Tuch die Glasränder abwischen. Dann mit Gummiring und Deckel verschließen.

Beim klassischen Einwecken die Deckel während des Einkochvorgangs mit einer Metallspange sichern.

In den Weckautomat stellen, mit Wasser auffüllen, bis die Gläser bedeckt sind, und für 10 Minuten bei 85 Grad einwecken. Herausnehmen und abkühlen lassen. Bei Weckgläsern überprüfen, ob alles Gläser fest verschlossen sind.

Einkochen im Backofen: Befülle die sterilisierten Twist-Off-Gläser. Weckgläser können beim Einkochen im Ofen ebenfalls verwendet werden. Ein Backblech mit Wasser füllen (ca. 2-3 cm hoch). Nun die Gläser auf das Blech stellen. Sie dürfen sich nicht gegenseitig berühren. Den Ofen auf 175 Grad Ober-/Unterhitze stellen. Das Blech auf die unterste Schiene schieben. Nun den Ofen im Auge behalten. Sobald das Wasser kocht oder sich Blasen im Glas bilden, den Herd ausschalten. Nun beginnt die eigentliche Einkochzeit. 30 Minuten im Ofen ruhen lassen. Danach die Gläser vorsichtig herausnehmen und auf ein Handtuch zum Abkühlen stellen.

Die Zucchini kühl und dunkel lagern. Sie sind 12 bis 24 Monate haltbar.

MUTTIS SAURE GURKEN

(für 4-5 1-Liter-Gläser)

- 2 kg Einmachgurken (klein bis mittelgroß)
- 1,5 l Wasser
- 750 ml Essig (mindestens 5 % Säureanteil)
- 220 g Zucker
- 3 EL Salz
- Frische Dillblüten
- 1-2 Zwiebeln, in grobe Stücke geschnitten
- pro Glas 1 TL Gurkeneinmachgewürz

Gurken mit Küchenbürste reinigen, dann nochmals waschen. Weckgläser, Deckel und Gummis sterilisieren. Die Gurken aufrecht eng ins die Gläser schichten. In jedes Glas eine Dillblüte, ein paar Zwiebelstücke sowie 1 TL Gurkeneinmachgewürz füllen.

Essig, Wasser, Zucker und Salz in einen Topf geben, aufkochen und so lange rühren, bis sich alles aufgelöst hat. Die Gläser mit der heißen Flüssigkeit füllen, sodass die Gurken völlig bedeckt sind. Die Gläser mit den Gummiringen, Deckeln und zugehörigen Klammern verschließen. Die Gläser in einen Einkochtopf stellen, den Topf mit Wasser befüllen.

Bei 80 Grad 20 Minuten einwecken.

Die Gurken können ebenfalls im Backofen eingekocht werden (Vorgang siehe Rezept Zucchini).

ITALIENISCHES KRÄUTERSALZ

Dieses Salz lässt sich beliebig zusammenstellen. Du hast keinen frischen Salbei? Dann vielleicht Oregano, Basilikum oder Thymian. Wichtig ist, dass die Kräuter frisch sind. Im Kühlschrank hält sich das Salz mehrere Monate.

- **100 g Salz**
- **10 g frischen Rosmarin**
- **5 g frischen Salbei**
- **1 große Knoblauchzehe**

Die Kräuter sehr fein hacken, den Knoblauch pressen. Ich häcksle Kräuter und Knoblauch im Zerkleinerer, bis alles eine schöne Paste ergibt. Dann mit dem Salz mischen und in ein Glas füllen.

Grannys Tipp: Freunde und Familie freuen sich immer über ein Gläschen dieses Salzes. Es eignet sich ganz wunderbar als Mitbringsel.

GERASPELTER BLUMENKOHL

(für die Bratlinge auf S. 97)

Eigentlich ist meine Familie kein Fan dieses hübschen Gemüses. Aber für die Bratlinge lassen sie alles stehen und liegen. Deshalb lege ich immer einen Vorrat an geraspeltem Blumenkohl an.

Blumenkohl in kleine Röschen schneiden, waschen und raspeln. Je 250 g in eine Gefrier- oder Silikontüte packen, luftdicht verschließen, beschriften und einfrieren.

Nach dem Auftauen unbedingt den Saft abtropfen lassen.

TOMATEN

Ich könnte ein ganzes Buch füllen mit der Haltbarmachung von Tomaten. Das ist ein Gemüse, von dem man nie genug haben kann. Hier zwei Basismethoden, mit denen du starten kannst und die weder viel Mühe noch Zeit kosten.

RUCK-ZUCK-PASSATA

Tomaten waschen, vierteln und in einem großen Topf mit wenig Wasser gar kochen.

Abgießen und die Tomaten durch die Flotte Lotte drehen. Alternativ mit dem Pürierstab pürieren und durch ein Sieb passieren.

Die Passata in Gläsern (zwei bis drei Zentimeter Platz unter dem Deckel lassen!) einfrieren. Im Winter ist die Passata Grundlage für Soßen und Suppen.

OFENTOMATEN

Das ist mein Lieblingsrezept, wenn ich nicht mehr weiß, wohin mit den Tomaten. Ich habe keine Mengenangaben, denn das Rezept richtet sich nach dem, was und wie viel gerade da ist. Man kann eigentlich gar nichts falsch machen, außer die Tomaten zu lange im Ofen zu lassen.

- **Tomaten. Viele!**
- **Knoblauchzehen**
- **italienisches Kräutersalz (siehe S. 195)**
- **ein bisschen brauner Zucker**
- **ein paar kräftige Schuss Olivenöl**
- **Pfeffer**

Die Tomaten achteln, den Strunk entfernen. Auf ein Backblech legen. Ungeschälte Knoblauchzehen nach Belieben dazwischen platzieren. Ordentlich Olivenöl darüber verteilen. Mit Kräutersalz und Zucker würzen. Dann ab damit in den Ofen. Da ich immer gleich zwei Bleche reinschiebe, wähle ich 160 Grad bei Umluft. Tomaten backen, bis sie schrumpelig geworden sind und die Schale beginnt braun zu werden. Das kann ein bis zwei Stunden dauern. Dann raus damit, abkühlen lassen. (Oh, es duftet herrlich!)

Den gebackenen Knoblauch aus der Schale pressen, über die Tomaten geben und alles in Gläser füllen. Einfrieren.

Wenn man eine Pastasoße benötigt, einfach den Inhalt auftauen, pürieren, abschmecken und zu den Nudeln servieren. Prima für Schnelle-Küche-Tage!

Traditionelle Fertigkeiten

Vor mir liegt ein kleines Nadelheft – ein Stoffmäppchen, in dem sauber aufgereiht verschiedene Nadelsorten stecken. Es ist aus rotem Stoff, verziert mit grünem und weißem Kreuzstich. Vor 40 Jahren habe ich es im Handarbeitsunterricht angefertigt. Wie alle anderen Mädchen in meiner Klasse auch, während die Jungs im Werkraum mit ihren Laubsägen hantierten. Ich kann mich noch genau erinnern, wie ich mich mit der dicken Nadel und dem Garn geplagt habe, während ich neidisch auf die Jungs schielte, die nicht brav und still auf ihrem Platz sitzen mussten, sondern im Werkraum fröhlich durcheinanderpurzelten wie jungen Hunde.

Wir waren eine der letzten Klassen, die nach Geschlechtern aufgeteilt wurden und traditionellen Handarbeits- und Werkunterricht erhielten, der wenig später der Akademisierung der Schulen zum Opfer fiel. Es war eine konsequente Entwicklung in unserem hoch industrialisierten Land, wo man nicht mehr wissen muss, wie man ein Regal baut, weil es in jedem Baumarkt erhältlich ist. Und wo man keine Socken mehr stopfen muss, weil es sie im 10er-Pack im Schuhgeschäft gibt. Aber mit dem Wegfallen dieser Fähigkeiten haben wir einiges verloren:

- **Die Fähigkeit, textile und materielle Qualitätsmerkmale zu erkennen.**
- **Das Gefühl von Selbstwirksamkeit.**
- **Die Stärkung des Handwerks.**
- **Wertschätzung für gut gearbeitete Dinge.**

In den letzten Jahren hat das Arbeiten mit den Händen ein Comeback erlebt. Ein Handarbeitsfieber, das auch mich erwischte. Traditionelle Fähigkeiten erinnern uns an unsere Wurzeln, wo wir herkommen, welche Fähigkeiten in uns stecken, dass unsere Hände und Herzen zu mehr in der Lage sind, als nur Ware ins Regal zu schichten oder Daten zu verarbeiten.

Etwas mit den eigenen Händen herstellen zu können, macht uns unabhängiger und stärkt das Vertrauen in die eigenen Fähigkeiten. Es könnte einen sogar Freude beschleichen!

Meiner Erfahrung nach, führt eines zum anderen. Es mag nur ein simples Strickprojekt sein. Oder die Herstellung einer Handcreme. Oder dein erstes selbst gebackenes Brot. Da kann eine kleine Handarbeitslawine ins Rollen kommen, die dich mit Haut und Haaren erfasst. Herz und Kopf und Hände öffnen sich der Erkenntnis, dass man so viel mehr als nur stumpfer Konsument ist. Wir sind in der Lage, unser Leben zu gestalten, Handlungsspielräume zu erweitern.

Du wagst dich vielleicht zum ersten Mal an die Nähmaschine oder ans Restaurieren eines alten Möbelstücks oder ans Reparieren von Socken. In den folgenden Kapiteln möchte ich dir ein paar Projekte schmackhaft machen und dich einladen, etwas auszuprobieren. Und wenn du Feuer gefangen hast, dann gibt es heute unendliche Möglichkeiten, deine neu gewonnenen Fähigkeiten weiter auszubauen. Vielleicht gibt es eine Oma in deiner Nachbarschaft, die dir Schritt für Schritt das Sockenstricken beibringen kann. Oder einen Opa, der dir den Umgang mit der Stichsäge zeigt. Du kannst mittels Youtube-Videos und Büchern und Blogs lernen. Das ganze Wissen ist heute binnen weniger Sekunden abrufbar. Und die alten Fähigkeiten schlummern in den Alten. Lassen wir uns alles beibringen und nutzen wir unsere Hände!

Stricken

Ein niederschwelliges und sehr einfaches Einsteigerprojekt sind Spüllappen. Ich habe mittlerweile nur noch selbst gestrickte Spüllappen, die erstens sehr ästhetisch aussehen und zweitens sehr saug- und wischfähig sind. Stricke am besten mehrere Lappen in harmonisierenden Farben und bewahre sie in einem Körbchen neben dem Spülbecken auf. Da macht der Abwasch gleich mehr Freude!

SPÜLLAPPEN

Du brauchst:

- **50 g Baumwollgarn mit 120 m Lauflänge** (Baumwollgarn kannst du bis 60 Grad in der Waschmaschine mitwaschen.)
- **1 Paar Stricknadeln Größe 3,5** (Ich persönlich arbeite lieber mit Rundstricknadeln, auch bei solch einfachen Projekten. Einfach ausprobieren, was dir besser liegt.)

Der fertige Lappen hat ein Maß von 24 x 24 cm. Soll er kleiner sein, einfach einige Maschen weniger anschlagen.

Anleitung: Du schlägst zunächst 55 Maschen an. Dann kraus rechts in Hin- und Rückreihen stricken. Auf die korrekte Ausführung der Randmaschen achten. So lange stricken, bis der Lappen ein Quadrat ergibt. Locker abketten und die losen Fäden vernähen.

„Stricken hält mich davon ab, andere Menschen anzuschreien."

JENNIE BREEDEN

Nähen

„Nähen repariert die Seele.“

(UNBEKANNT)

Stoff ist genauso wie Garn ein Spielplatz der unendlichen Möglichkeiten. Aus ein paar alten Stoffresten kann man einen wunderschönen Quilt anfertigen. Oder eine Kissenhülle. Man kann Geschirrhandtücher, Servietten, Kleider, Bucheinbände, Leggings, Mützen, Vorhänge, Stiftemäppchen, Puppenkleidung, Röcke, Taschen, Haarbänder, Puppen und so vieles mehr nähen. Wenn man einmal die Grundlagen verstanden und sein erstes Stück erfolgreich genäht hat, wird man nicht mehr aufhören wollen. Ich habe in meinem Arbeitszimmer einen Stoffschrank, in dem ich geerbte Stoffe, Stoffreste und alte Vorhänge aufhebe. Für manche Projekte kaufe ich neuen Stoff, für andere krame ich mich durch meinen Schrank. Es ist ein erhebendes Gefühl, aus etwas Altem, Neues und Schönes und Nützliches zu schaffen.

BROTBEUTEL

Für dieses Projekt habe ich altes Leinen verwendet, das ich von meiner Schwiegermutter geerbt habe. Du brauchst:

- **Baumwolle, Leinen, Hanf** (Hauptsache keine synthetischen Materialien. Das Material muss atmen können.): 50 x 70 cm
- **eine Kordel ca. 50 cm lang**
- **ein Knopf mit zwei Löchern**

1

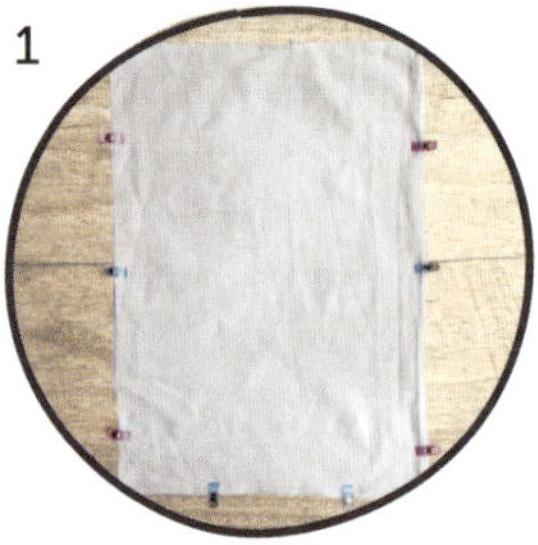

2

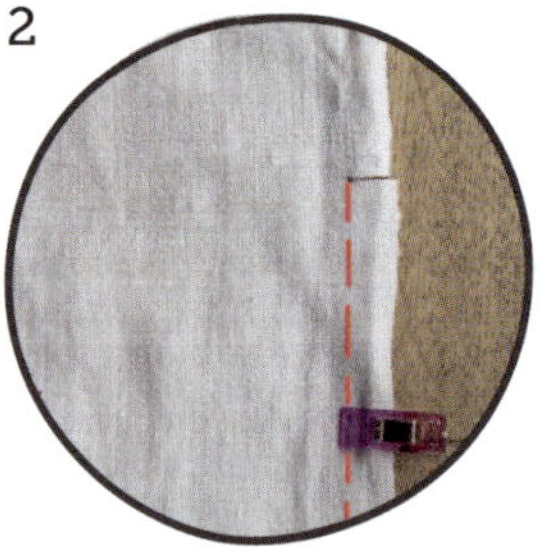

5

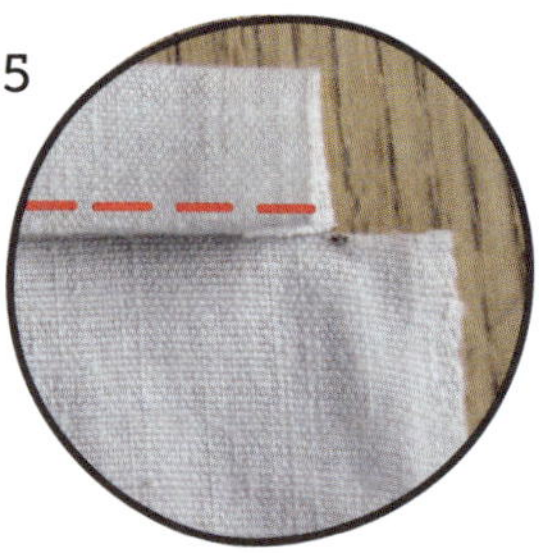

1. Schneide deinen Stoff in zwei Rechtecke zu: 35 x 50cm. Beide Stücke rechts auf rechts aufeinanderlegen. Fixiere eine kurze und zwei lange Seiten mit Nadeln oder Klammern

2. Lasse am Eingriff 5 cm Platz und mache hier einen kleinen Schnitt von 1 cm und steppe dann die Seitennähte, sowie die Bodennaht mit 1 cm Nahtzugabe ab. Nur jeweils bis zum Einschnitt steppen!

3. Die Kanten mit einem Zickzackstich versäubern und umbügeln, die Ecken bis kurz vor der Naht abschneiden.

4. Die Nahtzugabe an den oben freiliegenden fünf Zentimetern 1 cm nach innen umbügeln.

5. Nun wird der Tunnelzug für die Kordel genäht. Hierzu bügelst du die Oberkante des Stoffes (an der Öffnung) zunächst um 1 cm nach unten und innen. Dann schlägst du 3 cm ebenfalls nach innen und unten um, bügelst eine Kante und steppst diese entlang der roten Linie ab. Dann wiederholst du dieses Prozedere auf der anderen Seite.

6. Wende den Beutel auf rechts. Verknote die Kordel an einer Sicherheitsnadel und ziehe diese vorsichtig erst durch den einen Tunnel, dann durch den anderen. Beide Kordelenden sollen am Schluss aus dem Beutel hängen und an diesen kann der Beutel auf- und zugezogen werden. Je ein Kordelende durch ein Knopfloch ziehen, dahinter mit einem Knoten fixieren. Fertig ist dein Brotbeutel!

Naturkosmetik

Die erste Gesichtsmaske, die ich mir mit 15 Jahren machte, war denkbar simpel und gleichzeitig effektiv: Ich pürierte eine Banane und strich mir den Brei ins Gesicht. Das Rezept fand ich in einem alten Buch für Hautpflegerezepte. Du kannst eigentlich hier bereits dieses Kapitel beenden. Denn: Mit dieser einfachen Pflegemaske verwandelt sich deine Haut in einen glatten, sanften Pfirsich!

> *„Sei gut zu deiner Haut. Du trägst sie für den Rest deines Lebens."*
>
> RENEE ROULEAU

Wenn du eigene Kosmetik nutzt, dann verzichtest du auf künstliche Zusatzstoffe, Mikroplastik und viel unnützen Verpackungsmüll. Du weißt, was du deiner Haut fütterst, und sie wird es dir danken.

KAMILLENWASSER

Denkbar einfach lässt sich ein Gesichtstonikum aus frischen oder getrockneten Kamillenblüten herstellen. Dieses Wasser ist besonders geeignet für sensible Haut, hilft gegen Akne und Ekzeme und hält freie Radikale in Schach.

- **3 EL Kamillenblüten**
- **1 Tee-Ei**
- **250 ml Wasser**
- **1 kleine Flasche zum Aufbewahren** (am besten aus braunem Glas)

Die Blüten in das Tee-Ei füllen. Wasser zum Kochen bringen, kurz zur Seite stellen und dann die Kamille überbrühen. So lange ziehen lassen, bis das Wasser erkaltet ist. In eine Flasche füllen. Morgens und abends ein wenig Kamillenwasser auf ein Abschminkpad geben und damit das Gesicht reinigen. Das Wasser hält sich ca. 4-5 Tage. Dann muss es erneuert werden.

REICHHALTIGE KÖRPERCREME

Das ist mein Klassiker, den ich Sommer wie Winter nutze. Die Creme ist ideal für sehr trockene Haut. Wenn sie dir zu fettig ist, kannst du sie für raue Fußsohlen und Ellbogen nutzen. Der Duft der Kakaobutter erinnert mich ein wenig an Schokolade und die Textur der Creme lässt sich wunderbar in die Haut massieren.

Zutaten für eine kleine Dose:

- **40 g Kakaobutter**
- **1 EL Kokosöl**
- **1 EL Olivenöl**
- **1 EL Avocadoöl***
- **1 EL Bienenwachspastillen**
- **3-4 Tropfen Vitamin-E-Öl** (Dieses wirkt pflegend und ist ein natürlicher Konservierungsstoff.)

Alle Zutaten bis auf das Vitamin E in eine Schüssel geben und diese ins Wasserbad stellen. Vorsichtig erhitzen, bis alle Zutaten geschmolzen sind. Anschließend das Vitamin-E-Öl unterrühren. In eine saubere Dose füllen und erkalten lassen.

(*Wenn ich dieses Öl nicht im Haus habe, dann nehme ich als Ersatz die doppelte Menge Olivenöl.)

Diese Creme ist ca. ein halbes Jahr haltbar.

OLIVENÖL-CLEANSING-LOTION

In der Antike wurde Olivenöl zur Gesichts- und Körperreinigung verwendet. Man hat heute die Vorteile dieser Reinigungsart wiederentdeckt. Das Öl entfernt Schmutz bis tief in die Poren und pflegt gleichzeitig die Haut.

- **1 TL Flüssigseife**
- **2 TL destilliertes Wasser**
- **2 TL Honig**
- **120 ml Olivenöl**

Alle Zutaten in einen hohen Behälter füllen und mit dem Stabmixer oder dem Handquirl gründlich mixen. In einen sauberen Spender abfüllen.

Verwendung: Das Gesicht befeuchten. Eine kleine Menge der Cleansing Lotion auf die Hand geben und in die Haut einmassieren. Mit lauwarmem Wasser abwaschen und trocken tupfen.

Diese Lotion ist ca. einen Monat haltbar.

Grannys Tipp: Mische für ein effektives Gesichtspeeling 1 TL Zucker mit einer erbsengroßen Menge Lotion und massiere damit vorsichtig deine Gesichtshaut ein. Abwaschen und trocken tupfen.

REINIGENDE HEFE-HONIG-ZIMT-MASKE

- **½ Päckchen Trockenhefe**
- **1 EL warme Milch**
- **1 TL Honig**
- **½ TL Zimt**

Zutaten vermischen und mit einem Pinsel auf das Gesicht auftragen. Ich lasse die Maske mindestens 30 Minuten einwirken. Diese Maske ist absolut fantastisch für meine Haut, die gleichzeitig trocken ist und zu Unreinheiten neigt. Honig und Milch spenden Feuchtigkeit, Hefe und Zimt wirken heilend.

GESICHTS-ÖL

Seit Jahren benutze ich dieses Öl, weil meine Haut sie sehr gut verträgt.

- **2 TL Arganöl**
- **2 TL Jojobaöl**
- **2 Tropfen ätherisches Lavendelöl**

Alle Zutaten in ein kleines, braunes Fläschchen füllen. Morgens und abends ein paar Tropfen in der Hand verreiben und in die Gesichts- sowie Halshaut einmassieren.

APFELESSIG-LAVENDEL-HAARSPÜLUNG

Es klingt erst mal seltsam, sein Haar mit Apfelessig zu spülen. Keine Angst: Der Essiggeruch verfliegt bald. Diese Spülung verleiht deinem Haar Glanz und Geschmeidigkeit. Sie hilft auch gegen fettiges Haar und Schuppen.

- **1 kleine Tasse Apfelessig**
- **1 kleine Tasse Wasser**
- **nach Belieben 2-3 Tropfen Lavendelöl**
- **eine alte kleine Plastikflasche mit Verschluss**

Alle Zutaten in die saubere Plastikflasche füllen. Den Verschluss mit ein paar Löchern versehen. Zuschrauben. Nach der Haarwäsche die Spülung durch die Löcher im Deckel auf Kopfhaut und Haar drücken. Du brauchst die Spülung nicht auswaschen. Heb die Flasche für die nächste Haarwäsche auf.

GESCHENKE DIY

Wohlüberlegte, selbst gemachte Geschenke machen oft mehr Freude als die Packung Pralinen aus dem Supermarkt. (Obwohl ich gegen diese auch nichts einzuwenden habe!) Viele der vorgestellten DIYs in diesem Buch eignen sich ganz wunderbar, um jemand anderem eine Freude zu machen. Sei es zum Geburtstag, ans Krankenbett oder einfach so.

Für Gourmets:

- Kräutersalz, Wildpflaumen-Chutney, Schlehenoliven, Brotbeutel mit einem selbst gebackenen Brot

Für Kosmetik-Fans:

- reichhaltige Körpercreme, Olivenöl-Cleansing-Lotion, Gesichtsöl

Für Kinder:

- Sauerteig-Cracker, Birnenmarmelade, ein Glas Apfelmus

Für Garten-Freunde:

- Blumenstrauß aus deinem Garten, Ableger oder Jungpflanzen, Blumen- und Gemüsesamen deiner eigenen Pflanzen

Für Homemaker:

- selbst gestrickte Spüllappen, Orangenreiniger, Teetassen-Kerze

Alte Hausmittel

In den letzten Tagen lag eines meiner Kinder krank im Bett. Es hatte nur leichtes Fieber. Trotzdem war es so ausgeknockt, dass es nichts essen wollte und auch nicht schlafen konnte. Den angebotenen Fiebersaft lehnte es schreiend ab. Wie gut, dass ich auf Omas Essigsocken (siehe S. 209) zurückgreifen konnte und diese Linderung brachten.

Selbstverständlich ersetzen Hausmittel keinen Arztbesuch oder Medikamente bei schweren Krankheitsverläufen! Aber bei normalen Infektionen wie z. B. Erkältungen, Fieber und Durchfall wirken sie unterstützend und heilend.

Husten und Schnupfen

INHALIEREN MIT KAMILLE

Ich muss zugeben, ich habe die Inhalationen als Kind nicht besonders geliebt. Aber Kamilleninhalationen waren absolute Pflicht bei Erkältungen. Mir wurde es zur Gewohnheit und noch heute hole ich bei Erkältungsanzeichen als erstes Kochtopf und Kamille aus dem Schrank. Auch wenn es meine Kinder nicht besonders lieben*. Man muss Traditionen weiterleben lassen.

- **1 l Wasser**
- **1 Handvoll Kamillenblüten**

Das Wasser in einem Topf aufkochen, die Kamillenblüten hinzugeben. Zugedeckt 5 Minuten ziehen lassen. Dann den Deckel entfernen, sich mit dem Gesicht über den Topf beugen und Kopf wie Topf mit einem großen Handtuch abdecken, sodass eine Art Zelt entsteht. 10 bis 15 Minuten den schleimlösenden und wohltuenden Dampf durch Mund und Nase einatmen.

Zweimal täglich inhalieren.

*Kinder verhalten sich erfahrungsgemäß kooperativer, wenn sie während des Inhalierens ein Hörbuch anhören dürfen.

ZWIEBELSIRUP GEGEN HUSTEN

Zwiebelsaft lindert den Hustenreiz, löst Schleim und erleichtert das Abhusten. Mehrmals täglich 1 TL des Sirups nehmen. Der Saft ist auch für Kinder ab einem Jahr geeignet.

- **1 Zwiebel**
- **2-3 EL flüssigen Honig**

Die Zwiebel schälen und in kleine Würfel schneiden.

Mit dem Honig in ein Schraubglas geben und schütteln. Dann 12 bis 24 Stunden lang ziehen lassen. In ein sauberes Schraubglas abseihen und im Kühlschrank aufbewahren.

THYMIAN-BRUSTWICKEL

Brustwickel sind bei Husten und Bronchitis eine wahre Wohltat. Vor allem, wenn man die Wickel vorher in heißem Thymiantee tränkt. Aber bitte nur anwenden, wenn die betroffene Person fieberfrei ist.

- **3-4 l Wasser**
- **1 Gästehandtuch oder Geschirrhandtuch**
- **1 Frottee-Handtuch, normale Größe**
- **1 großer Schal**
- **3-4 EL getrockneter oder frischer Thymian**

Wasser in einem großen Topf aufkochen, den Thymian hineingeben und ca. 5 Minuten abkühlen lassen.

Das Gäste- oder Geschirrhandtuch ordentlich in Thymiantee tränken und auswringen. Am Handgelenk die Temperatur prüfen. Das Handtuch sollte sich heiß, aber nicht unangenehm anfühlen. Auf die Brust der erkrankten Person legen und sofort das größere Handtuch sowie zusätzlich den Schal darum wickeln. Jetzt noch mit einer Decke zudecken.

Die kranke Person soll mit dem Wickel mindestens eine Viertelstunde bis zu einer Stunde ruhen.

Bei Bedarf mehrmals täglich wiederholen.

Fieber

Fieber ist zunächst immer eine wichtige Abwehrreaktion des Körpers. Mit Fieber läuft das Immunsystem zu Höchstform auf, um den eingedrungenen Erreger zu bekämpfen. Trotzdem muss man die betroffene Person aufmerksam beobachten. Mit Kindern unter einem Jahr sollte man immer Rücksprache mit dem Kinderarzt/der Kinderärztin halten.

Wenn es sich um eine Begleiterscheinung eines harmlosen Infekts handelt, kann man Fieber gelassen beobachten. Gegen Abend versuche ich aber das Fieber zu senken, um dem Kind einen guten Schlaf zu ermöglichen. Denn Schlaf ist immer die beste Medizin.

ESSIGSOCKEN

Diese funktionieren ähnlich wie Wadenwickel. Der Essig steuert zusätzlich zur kühlenden Wirkung an den Waden einen fiebersenkenden Effekt bei.

- **1 Tasse Essig**
- **½ l Wasser**
- **1 Paar Kniestrümpfe**
- **1 Handtuch**

Essig und Wasser vermischen. Die Zutaten sollten Körpertemperatur haben. Die Strümpfe hineintauchen, auswringen und bis über die Waden ziehen. Füße und Waden in ein Handtuch wickeln. Die Socken können bis zu einer halben Stunde getragen werden. Wiederholen, bis sich das Fieber gesenkt hat.

Ohrenschmerzen

Wer von uns Eltern kennt sie nicht? Die Nächte, in denen das Kind brüllend vor Ohrenschmerzen aufwacht. Das sind unglaublich gemeine Schmerzen und mit Einsatz eines Zwiebelsäckchens tritt häufig Linderung ein.

ZWIEBELSÄCKCHEN

- **1 Zwiebel**
- **1 alte Baumwollsocke**
- **1 breites Stirn- oder Haarband**

Die Zwiebel in kleine Würfel schneiden. In die Baumwollsocke füllen und diese zubinden. Ein Wasserbad vorbereiten. Einen kleinen Topf bis zu einem Drittel mit Wasser füllen und eine passende Metallschüssel oder andere feuerfeste Schüssel hineinhängen. Das Säckchen in die Schüssel legen und den Topf erhitzen. Somit erhitzt sich auch das Säckchen. Sobald das Säckchen Körpertemperatur erreicht hat, aus der Schüssel nehmen und drücken, sodass der Zwiebelsaft austritt.

Nun auf das betroffene Ohr legen und mit einem Stirnband fixieren.

Ja, es duftet nicht nach Rosen, aber man gewöhnt sich daran.

20 Minuten einwirken lassen. Bei Bedarf mehrmals täglich wiederholen.

Vorsicht: Dieses Hausmittel soll die Beschwerden lindern und ersetzt keinen Arztbesuch. Gerade bei Babys und Kleinkindern sollte man Ohrenentzündungen sehr ernst nehmen.

Durchfall und Bauchschmerzen

GERIEBENER APFEL UND ZWIEBACK

Bei Durchfall heißt es: viel trinken und Schonkost. Diese sollte hauptsächlich aus Zwieback und geriebenem Apfel (mit Schale!) bestehen.

Im Pektin der Äpfel sind sogenannte Adsorbentien enthalten. Das sind Wirkstoffe, die Bakterien im Darm binden können, welche den Durchfall ausgelöst haben. Auch Bananen,

Aprikosen und Karotten enthalten Pektine. Man kann alternativ zum geriebenen Apfel auch einen Bananenbrei oder eine Möhrensuppe reichen.

Zwieback liefert schnelle Energie und ist dazu sehr magenschonend. In Kombination mit Kamillentee, Heidelbeertee oder schwarzem Tee reichen.

***Grannys Tipp:** Ein Säckchen gefüllt mit Kirschkernen, Rapssamen oder Dinkel lindert Bauch- und Regelschmerzen. Dazu das Säckchen in der Mikrowelle erwärmen und auf die betroffene Stelle auflegen. Alternativ funktioniert das genauso gut mit einer Wärmflasche oder einer zutraulichen, schnurrenden Katze.*

Insektenstiche

So wichtig die Insektenwelt für unser Ökosystem ist, können sie sich manchmal auch zu Plagegeistern entwickeln. Die meisten Insektenstiche verlaufen harmlos. Simple Hausmittel verschaffen Linderung.

ZWIEBEL

Eine Zwiebel halbieren. Eine Hälfte drücken, bis Saft austritt, und auf den Stich legen.

SPITZWEGERICH

Ist Spitzwegerich zur Hand, ein paar Blätter pflücken. Zwischen den Fingern leicht verreiben, sodass der heilende Saft austritt, und auf den Stich legen.

Alternativ die Spitzwegerichsalbe (siehe Seite 148) verwenden.

Vorsicht ist geboten bei Wespen- und Bienenstichen. Hier unbedingt darauf achten, ob die betroffene Person allergische Reaktionen zeigt (Schluck- und Sprechbeschwerden, Kopfschmerzen, Herzrasen, Benommenheit oder Ohnmacht).

Kreislaufdenken

Upcyceln, Wiederverwerten, Reparieren

Im Kleiderschrank meiner Mädchen hingen säuberlich auf Holzbügeln aufgereiht Kleiderträume in Tüll, Jersey und Glitzer. Zum Teil neu gekauft, zum Teil geerbt, genäht oder im Secondhandladen ergattert. Ich war ein Kinderkleidungsnarr. Ja, ich hatte dafür gesorgt, dass meine Kinder ihre Weiblichkeit schon in jüngsten Jahren entdecken. Unbeeindruckt von meinen Bemühungen griffen sie zielsicher an den Kleidchen vorbei, zogen sich rasch eine bequeme Leggings und ein simples T-Shirt über und trugen ihre Weiblichkeit nach draußen, auf Kletterbäume und an den Bach. Die ungeliebten Kleidchen verschenkte ich. Und lernte, dass der Begriff Weiblichkeit dehnbar ist. So dehnbar wie die Leggings, die bald alle Löcher in den Knien aufwiesen. Wer die Welt entdecken will, klettert nicht nur hoch hinaus, sondern geht auch auf die Knie.

Ein kleiner Same war gelegt. Kaum, dass ich's merkte.

Die Löcherrate meiner Töchter hatte im Akkord einen fliegenden Wechsel von Wegwerfen und Neukaufen verursacht. Bis ich das Flicken von Löchern in Kinderhosen lernte. Eines Tages hielt ich ein fast neues blau-weiß geringeltes Exemplar in die Höhe und betrachtete es nachdenklich. Die zerlöcherten Knie hatte ich erst letzte Woche gestopft. Löcher in Kinderkleidung sind wie Ameisen. Wo eine ist, kommen 100 nach. Mir schoss eine Idee durch den Kopf. Sie war weder besonders originell noch kreativ. Aber ich war so sehr gewohnt, Kaputtes wegzuwerfen, dass mir das Naheliegende wie eine Revolution erschien:

Kurzerhand schnitt ich die Stoffbeine über dem Loch ab, säumte die Kante mit einem dehnbaren Zickzackstich um und in weniger als 15 Minuten präsentierte ich meinem unbeeindruckten Sprössling die neuen Shorts.

Ich begann, meinen Haushalt mit neuen Augen anzusehen. Muss ich etwas wegschmeißen, nur weil es ein Loch hat? Kann ich mir zutrauen, etwas selbst in die Hand zu nehmen? Etwas lernen, von dem ich immer dachte: Das kann ich nicht?

Ich probierte weiter aus. Und lernte.

Aus alten Handtüchern wurden Waschlappen. Aus Kerzenresten neue Kerzen. Aus Holzresten ein Frühbeetkasten. Aus Joghurtbechern Pflanztöpfe. Aus Biomüll Komposterde. Aus alten Steinen eine Gartenmauer.

Unsere Haushalte sind ganz bewusst auf linearen Konsum ausgerichtet: anschaffen, verbrauchen, wegschmeißen, neu kaufen. Die Kaufkraft bildet die Grundlage unseres Wohlstands. In allen Lebensbereichen, global und lokal, ist uns aber diese Art des linearen Wirtschaftens zum Verhängnis geworden. Sie lässt Müllberge wachsen, verseucht die Erde und trägt massiv zur Klimakrise bei.

Ich fühle mich diesem gewaltigen System gegenüber oft hilflos und ohnmächtig. Erinnerst du dich daran, dass ich Homemaking im Anfang des Buches eine Graswurzelbewegung nannte? Es braucht diese Bewegung. Eine Bewegung von unten. Aus unseren Häusern und Küchen, Gärten und Nachbarschaften heraus. Ich bin ein kleines Rädchen im unteren Teil, das sich in Bewegung gesetzt hat. Zeitgleich haben sich schon seit Jahren viele andere Rädchen, viele andere Homemaker*innen in Bewegung gesetzt. Und vielleicht bringe ich etwas in dir zum Schwingen. Und du wiederum in anderen. Wir sind nicht ohnmächtig. Wir haben Handlungsmacht. Je mehr sich in Bewegung setzen, desto stärker üben wir Druck auf dieses lineare System aus. Irgendwann wird es sich auch von oben nach unten bewegen müssen.

Upcycling, Wiederverwertung und Reparieren sind grundlegende Fähigkeiten von Homemaker*innen. Und damit meine ich nicht irgendwelche trendigen Upcycling-Projekte, für die ich Materialien einkaufen muss, damit aus dem einen Marmeladenglas eine hippe Lampe wird. Sondern den pragmatischen Granny-Ansatz:

- Was ich mir erst gar nicht anschaffe, muss ich später nicht reparieren und entsorgen.

- Kaputtes entweder selbst reparieren oder reparieren lassen. (Irgendwann segnet das Zeitliche unsere Geräte, auch nach mehrfacher Reparatur. Dann gilt es, diese fachgerecht zu entsorgen.)
- Vor einer Anschaffung die eigenen Bestände überprüfen, ob sich daraus der benötigte Artikel herstellen lässt.
- Nähen lernen.
- Reste (wie z. B. Holz, Lebensmittel, altes Geschenkpapier, Bioabfälle, Seife, Stoff, Wolle, Handtücher usw.) in die häusliche Kreislaufwirtschaft integrieren.

Upcyclen

AUSGEBLEICHTE KLEIDUNG FÄRBEN

Mein Mann liebt seine schwarzen T-Shirts. Aber selbst bei bester Pflege bleichen sie irgendwann aus und werden unansehnlich. Es stellt sich die Frage: Ist es wirtschaftlicher und umweltschonender, neue T-Shirts zu kaufen oder das bestehende T-Shirt zu färben? Wir erinnern uns, wie viel Wasser für die Herstellung eines T-Shirts benötigt wird (siehe S. 35). Deshalb ist es klüger, bestehende Kleidung zu retten, anstatt neue zu kaufen. Auch wenn wir dafür ein wenig Geld in Textilfarbe investieren müssen.

Mit Textilfarbe kannst du retten:

- Kleidung mit nicht entfernbaren Flecken
- vergraute, einst weiße Kleidung
- farbliche Fehlkäufe
- verfärbte Wäsche durch einen „Waschunfall"
- ausgeblichene Kleidung

NEUE WASCHLAPPEN AUS ALTEN HANDTÜCHERN

Das ist ein ganz einfaches Einsteigerprojekt für Näh-Neulinge. Aus einem alten Frotteehandtuch kann man schnell 4-12 neue Waschlappen nähen (abhängig von der Größe des Handtuchs).

Stelle dir eine Schnittvorlage her mit den Seitenmaßen 21 x 34 cm. Breite nun das Handtuch vor dir aus und lege die Schnittvorlage auf den Stoff. Zeichne die Ränder an und achte darauf, möglichst viele Waschlappen aus einem Handtuch zu erhalten. Schneide nun die angezeichneten Lappen aus. Versäubere je eine Längsseite eines Lappen mit einem Zickzackstich.

Falte nun genau diese Kante ca. 1 cm auf die linke Seite (das ist immer die unschöne Seite) und stecke sie fest. So erhältst du einen ordentlichen Saum. Es sind nur Waschlappen, deshalb musst du nicht akribisch auf die Maße achten! Steppe nun diese Kante mit einem Geradestich ab. Das ist die Oberkante deines Waschlappens. Falte nun den Lappen rechts auf rechts, wobei die versäumte Kante oben liegt. Fixiere den Lappen mit Nadeln oder Klammern und steppe nun die offenen Seiten – bis auf die Oberkante – mit einem Geradestich ab. Wende den Lappen auf rechts. Fertig!

SHORTS AUS LÖCHRIGEN LEGGINGS

Auch das ist ein sehr einfaches Einsteigerprojekt:

Die Leggings knapp über dem kaputten Knie an beiden Seiten abschneiden. Dabei darauf achten, dass beide Beine gleich lang abgeschnitten werden.

Die entstandene Kante zweimal nach innen umschlagen und feststecken oder festclipsen.

Mit einem elastischen Stich an deiner Nähmaschine rundum absteppen. (Ich nutze den Zickzackstick.)

Fertig ist die neue Shorts oder Radlerhose!

Wiederverwerten

PAPIER

Ich produziere Fehldrucke ohne Ende. Das Papier wandert aber nicht in den Müll, sondern in einen extra Karton. Wann immer die Kinder malen wollen, nutzen sie Papier von diesem Stapel.

Für Notizzettel mit den Maßen DIN A6 nehme ich einen dünnen Stapel Fehldrucke und schneide diesen einmal längs und einmal quer zu.

NEUE KERZEN AUS WACHSRESTEN

Gerade in der Herbst- und Winterzeit sind Kerzen nicht wegzudenken. Sie zaubern warmes Licht und Gemütlichkeit in unsere Wohnungen und Häuser. Mach es dir zur Angewohnheit, Kerzenreste nicht wegzuwerfen, sondern zu sammeln. So kannst du ohne große Mühe aus den Resten neue Kerzen herstellen.

- **Wachsreste**
- **Docht**
- **eine alte Metallschüssel oder Blechdose**
- **Variante 1 für eine „nackte" Kerze: Gießform**
- **Variante 2 für ein Windlicht: hübsche Teetassen, Marmeladengläser o. Ä.**
- **Wäscheklammern, Stifte oder lange Verschluss-Clips**

Zunächst wählst du das alte Wachs für deine neue Kerze aus. In eine alte Metallschüssel oder die Blechdose füllen und im

Wasserbad langsam erwärmen, bis das Wachs geschmolzen ist. Alte Dochtreste mit einer Gabel herausfischen. Vorsicht: Es sollte kein Wasser in den Wachsbehälter spritzen!

Variante 1

Als Gießform kannst du eine Form aus dem Handel nutzen. (Manche gießen ihre Kerzen auch in Klopapierrollen.)

Den Docht in der Gießform nach Packungsanleitung befestigen. Die Form auf eine Zeitungsunterlage stellen und nun das flüssige Wachs langsam einfüllen. Erkalten lassen. Das Wachs schrumpft an der Oberfläche und bildet einen Krater. Mit flüssigem Wachs nachfüllen. Komplett erkalten lassen, aus der Form lösen. Bei Bedarf den Boden mit einem scharfen Messer begradigen und den Docht kürzen.

Variante 2

Den Docht etwas länger als die Höhe des Gießgefäßes zuschneiden. Das eine Ende mit einer Wäscheklammer oder einem Clip fixieren. Quer über den Tassen- oder Glasrand legen, sodass der Docht genau in der Mitte liegt und das Dochtende den Gefäßboden berührt. Alternativ kann man den Docht auch um einen Stift wickeln, festknoten und über den Tassen- oder Glasrand legen.

Nun vorsichtig und langsam das flüssige Wachs einfüllen. Auch hier wird sich beim Erkalten ein Krater bilden. Ggf. auffüllen. Warten, bis das Wachs vollständig erkaltet ist.

FLÜSSIGSEIFE AUS SEIFENRESTEN

Vor einigen Jahren bin ich von Duschgel auf herkömmliche Seife umgestiegen, um Plastikmüll einzusparen. Nur wohin mit den Seifenresten? Hast du gewusst, dass man aus Seifenresten ganz einfach Flüssigseife herstellen kann? Ich auch nicht.

Bis mir letztens eine Freundin den entscheidenden Tipp gab. Und siehe da: Es könnte kaum einfacher gehen.

- **20 g Seifenreste**
- **200 ml Wasser**
- **1 EL Olivenöl**
- **ein paar Tropfen ätherisches Öl nach Belieben**
- **5 Tropfen Teebaumöl (macht die Seife länger haltbar)**

Herstellung: Die Seife mit einem Messer fein schneiden. Wasser in einem Topf zum Kochen bringen. Die Seife hinzufügen und so lange mit einem Schneebesen auf kleiner Hitze rühren, bis sich die Seife vollständig aufgelöst hat. Den Topf vom Herd nehmen und die Seife 12 bis 24 Stunden ruhen lassen.

Die Öle hinzufügen und mit einem Stabmixer kräftig aufschlagen, bis sich alles zu einer homogenen Masse vermengt hat. Die Konsistenz variiert je nach Seifenart.

Ist sie zu dickflüssig, einfach mit heißem Wasser vorsichtig verdünnen. Ist sie zu dünn, mehr Seifenraspel hinzugeben und unter Rühren kurz aufkochen. (In diesem Fall komplett abkühlen lassen und nochmals aufschlagen.)

Die Seife in einen Seifenspender füllen – fertig.

Meiner Erfahrung nach schäumt die selbst gemachte Flüssigseife nicht so stark, aber das tut der Reinigungswirkung keinen Abbruch. Falls die Seife fest wird, einfach kräftig schütteln, bis sich alle Zutaten wieder miteinander verflüssigt haben.

GESCHENKPAPIER

Vielleicht kennt ihr es noch von eurer Oma: Sie ermahnte euch an Weihnachten und Geburtstagen, das Geschenkpapier doch bitteschön nicht so lieblos aufzureißen, sondern behutsam zu öffnen, damit man es wiederverwenden kann.

Wir haben Oma dafür ein bisschen ausgelacht.

Aber sie hatte ja recht, nicht wahr?

Ich hebe Geschenkpapier auf. Zerrissene Stellen schneide ich ab. Dann streiche ich das Papier glatt (Spezialisten wie Oma bügeln es natürlich!) und lege es in eine Schublade, in der ich alles zum Einpacken von Geschenken sammle: Bänder, Anhänger, hübsche Tüten und Papier. Nichts davon ist gekauft, sondern gesammelt.

Manchmal geht mir das Papier aus oder ich habe kein Papier in passender Größe. Dann greife ich auf meine Stoffreste zurück. Sehr gut eignen sich hübsch bedruckte Kissenbezüge. In die kann man das Geschenk einschlagen und mit breitem Geschenkband fixieren. Hat man mal kein Band zur Stelle, kann man dieses aus Stoff- oder Juteresten zurechtschneiden.

Packpapier oder Zeitungen kann man bestempeln oder bedrucken und ebenfalls als Geschenkpapier nutzen.

GRANNY-TIPPS:

- Aus Wollresten kleine Quadrate stricken oder häkeln und zu einer Decke nähen.
- Alte Zahnbürsten aufheben zum Putzen schwer erreichbarer Stellen.
- Schöne Kalenderblätter und Prospekte aufheben und daraus Briefumschläge basteln.
- Aus altem Moltonstoff Slipeinlagen nähen. Dieser ist saugfähig und angenehm zu tragen.
- Stoffreste in feine Schnipsel schneiden und als Füllmaterial für Kissen verwenden.
- Aus alten Wollpullovern Kissenhüllen nähen.
- Bienenwachstücher aus Stoffresten herstellen.
- Eine alte Fleecedecke in eine Badematte verwandeln.
- Jerseyreste zu Haarbändern verarbeiten.

Reparieren

Eines der wenigen Elektrogeräte, das in meiner Küche neben Kaffeemaschine, Getreidemühle und Stabmixer regelmäßige Verwendung findet, ist meine Teigknetmaschine. Ich habe eine nostalgische Beziehung zu ihr, weil sie mich seit einer Zeit begleitet, als ich noch gar keine Kinder hatte. Sie hat in ihrem langen Leben tapfer Tonnen an Teig geknetet. Das sieht und hört man ihr auch an.

Vor einigen Jahren knirschte und jammerte sie bei jeder Umdrehung und ich sah mich bereits nach einem Nachfolgemodell um. Mein Mann jedoch besorgte ein neues Zahnrad und setzte es ein. Dann bekam die alte Dame an ihrem Knetarm Risse im Kunststoff. Wiederum bemühte sich mein Mann, schaute ein paar Tutorials an und kittete die Risse.

Sie hat definitiv ihre glänzende Jugendzeit hinter sich und manchmal bin ich in Versuchung, sie in den Ruhestand abzuschieben. Aber dann stelle ich mir die Frage: Warum willst du eine neue Maschine?

Die ehrliche Antwort: weil sie schöner wäre. Und jünger. Und präsentabler. Ich will aber nicht der Hugh Hefner der Teigknetmaschinen-Welt sein! Deshalb bleibe ich weiterhin meiner alten Dame treu.

In einer Wegwerfgesellschaft tendieren wir schnell dazu, Dinge zu entsorgen, deren Lebensdauer man mit einer kleinen Reparatur verlängern kann.

Leider lassen sich viele elektronische Geräte heute nicht mehr reparieren, da sie mit komplexer Miktrotechnik ausgestattet sind. Selbst ein Fachmann rät meist dazu, das Gerät komplett auszutauschen, da eine Reparatur zu kostspielig ist. Deshalb sollte man bei der Neuanschaffung von Geräten sehr genau recherchieren und sich auch nicht blenden lassen von den vielen guten Amazon-Rezensionen (auf die ich leider auch schon reingefallen bin). Selbst die guten alten Markennamen sind oft kein Garant mehr für Qualität. Falls du in der Nähe noch einen kleinen Elektrofachhandel hast, dann lass dich von einer qualifizierten Fachkraft beraten.

Was man ohne Fachkraft reparieren kann:

- Wasserhähne
- Waschmaschinen
- Bügeleisen (die alten Modelle)
- Türschlösser
- Lampen
- Kleidung
- Reißverschlüsse

Im Internet findest du Schritt-für-Schritt-Anleitungen zu den unterschiedlichsten Reparaturarbeiten. Auf Youtube kannst du lernen, wie man Socken stopft und Jeanslöcher kunstvoll mit Stickarbeiten verschließt. Wie du einen tropfenden Wasserhahn zum Schweigen bringst und widerspenstige Reißverschlüsse zähmst.

Wenn man nicht die Zeit und/oder das Reparaturgeschick besitzt, lohnt sich der Gang zur Änderungsschneiderei und zum Schuster. Kleinere Reparaturen an Jacken und Hosen kosten nicht viel. Schuhreparaturen sind meist etwas teurer und lohnen sich vor allem bei guten Schuhen. Aber auch wenn man für das Reparieren einer Sohle zwischen 20 und 30 Euro zahlt, ist das meist doch günstiger und vor allem nachhaltiger als eine Neuanschaffung.

Granny-Werte

Rituale

Als Achtjährige teilte ich mir ein Zimmer mit meiner Schwester. Es war ein großer, heller Raum, unterteilt von einer langen Schrankwand, sodass jede ihren eigenen Bereich hatte. Mein Bauernbett stand unter einem Fenster. Abends stützte ich mich mit meinen Ellbogen auf das kalte Fensterbrett, legte meinen Kopf in die Hände und betrachtete den Kastanienbaum, den Dorfteich, die Bauernhöfe gegenüber. Wenn ich des Betrachtens müde wurde, griff ich nach der Taschenlampe auf meinem Nachttisch. Sie hatte zweierlei Funktion: als Lesehilfe für die heimliche Nachtlektüre unter der Bettdecke. Und um mir mit dem Nachbarsmädchen Gute-Nacht-Lichtzeichen hin- und hersenden zu können.

Mein Vater kam an mein Bett. Er trug noch seinen Stallkittel und roch nach Motoröl und Erntestaub. „Bitte erzähl uns eine Geschichte!" Meine Schwester kam hinter dem Vorhang hervor, der unsere Zimmer trennte, setzte sich zu mir aufs Bett für die vielleicht schönste Stunde des Tages, wenn unser Vater seine Geschichten von klugen Elefanten und ihren menschlichen Freunden vor uns ausbreitete. Ganz weit weg waren wir dann von unserem Kastanienbaum und dem Dorfteich. Mittendrin im afrikanischen Busch, wo wir die Zikaden zirpen und die Elefanten trompeten hörten.

Rituale sind kleine und große Rastplätze, aufgereiht am Wegesrand unserer Lebensreise.

Wenn Vater keine Zeit hatte, kam Mutter ins Zimmer. Ihr Ritual war anders. Tröstend. Musikalisch. Wir sangen: „Herr, es will Abend werden" und „Der Mond ist aufgegangen". Geschichten, Lieder, Gebete hüllten mich ein wie das warme Federbett, unter dem ich lag.

Diese Rituale besaßen die Kraft, die Sorgen und Ängste des Tages zu verscheuchen und mir Sicherheit zu schenken. Denn bereits mit acht Jahren wusste ich, dass diese Welt wunderschön und gleichzeitig grausam sein kann. Die leisen Melodien und elefantastischen Geschichten waren Seelenanker.

Rituale brauchen nicht nur Kinder, sondern auch wir Erwachsenen. Sie bilden einen Rahmen aus Sicherheit und Beständigkeit. Und sie unterbrechen den Alltag aufs Angenehmste.

Als ich einmal meine Instagram-Follower*innen fragte, welche Rituale sie von ihren Großeltern übernommen haben, antwortete die überwältigende Mehrheit: Kaffee und Kuchen am Nachmittag! Dicht gefolgt von der Sonntagsruhe, dem Abendgebet und Liedern.

Bereits im 17. Jahrhundert entstanden in Deutschland die ersten Kaffeehäuser. Kaffee und Kuchen am Nachmittag formten sich zum Kulturgut heraus und gehören zu Deutschland wie das Brandenburger Tor nach Berlin.

Kurz nach 15 Uhr stellte immer irgendjemand in meinem Elternhaus die Kaffeemaschine an und deckte den Tisch. Ein Nachmittag ohne Kaffee und Kuchen war undenkbar. Während der Woche war dies meist der einzige Zeitpunkt, an dem wirklich alle Familienmitglieder (oft plus Gäste) am Tisch zusammenkamen, Tee und Kaffee tranken, alle weltpolitischen Probleme lösten und dabei Bleche von Streuselkuchen vertilgten.

Von allen Mahlzeiten besitzt die Kaffeerunde den geringsten Nährwert. Eigentlich ist sie überflüssig. Und genau deshalb liebe ich sie so sehr. Wir tanken beim Frühstück auf. Mittags boostern wir uns mit einem kleinen Imbiss. Das Abendessen füllt die leer gepowerten Kraftreserven wieder auf. Die Kaffeestunde ist die stille Rebellin, die uns mit unnützer Sahnehaube und dekadenten Erdbeertörtchen lockt, unser Schaffen und Streben ein weiteres Mal zu unterbrechen. Unser Gesicht in die Sonne zu halten. Tief durchzuatmen. Ich plädiere dafür, Kaffeekränzchen zum Weltkulturerbe zu ernennen!

Wollen wir kurz einmal die abgenutzte Metapher der Lebensreise bemühen, auf deren Pfaden wir alle Wanderer sind? Und wo Rituale wie kleine aufgereihte Rastplätze uns willkommen heißen?

Die Sache mit der Lebensreise ist nämlich die, dass sie sich nicht verhält wie ein normaler Weg. Wege verlaufen meist linear. Sie führen von A nach B. Und dann ans Ziel. Aber der Lebensweg ist nicht linear, sondern er ist ein Kreislauf. Das merken wir spätestens dann, wenn nach gefühlten zwei Monaten bereits wieder die Weihnachtszeit beginnt. Oder auf dem 8. Klassentreffen wieder die gleiche Anekdote von Birgit erzählt wird, die im Sexualkundeunterricht ohnmächtig in die Arme ihres Lehrers sank.

Auch wenn wir uns in Kreisläufen bewegen, so treten wir aber nicht auf der Stelle. Aus Kindern werden Jugendliche. Erwachsene werden alt. Wir entwickeln uns weiter. Vielleicht ist der Lebenskreislauf eine sich weitende Spirale?

Rituale geben diesen Kreisläufen einen Rahmen. Egal ob es sich um den Jahres- oder Tageskreislauf handelt. Über ritualisierte Handlungen müssen wir nicht groß nachdenken. Sie können entlastend wirken und ihr Automatismus gibt unserem Leben in einer unübersichtlich gewordenen Welt Trost und Halt. Wir brauchen Rituale in diesen unsicheren Zeiten, in unseren Lebenskreisläufen mehr denn je. Nicht nur auf persönlicher Ebene, sondern auch auf gesellschaftlicher Ebene. Rituale stärken unser Zusammengehörigkeitsgefühl und unsere Identität.

Sonntag. Kaffee und Kuchen. Lieder. Abendgebet. Was all diese Rituale gemeinsam haben: Sie sind ein Heilmittel gegen die Hektik. Ein Gegenpol zur gefährlichen Kultur des Überarbeitens und der zu vollen To-Do-Listen. Wo Hektik ist, kann kein Raum für Liebe und eine tiefe Gottesbeziehung sein. Beide schließen sich gegenseitig aus. Ich glaube, ein guter Lebensrhythmus, der Platz für Nächstenliebe und Kontemplation bietet, ist immer geprägt von guten Grenzen. Wenn der Samstag in den Sonntag übergeht und damit klar ist: Jetzt ist Ruhe angesagt. Wenn man den Laptop zuklappt und mit seinen Lieben eine Tasse Kaffee trinkt. Wenn man sein Tagwerk beendet und mit einem Gebet, einem Lied den Abend einläutet.

Ein paar unserer lieb gewonnenen Rituale:

- Vor der Familie aufstehen und die erste Tasse Kaffee in Ruhe trinken und dabei beten.
- Ein kurzes Nickerchen nach dem Mittagessen.
- Zu Ostern Freunde einladen.
- Am Zeugnistag Eis essen gehen.
- Der Ja-Tag (ein Nachmittag, an dem ich zu allem Ja sage, was die Kinder sich wünschen).
- Sonntags entweder den Gottesdienst besuchen oder eine kleine Andacht zu Hause feiern.
- Freitagabend einen Hefezopf fürs Wochenende backen.
- Die Kinder unter dem Christbaum schlafen lassen.
- Samstagabend Karten und Brettspiele spielen.
- Einen gefüllten Plätzchenteller an Adventssonntagen.
- Kürbisschnitzen in der Herbstzeit.
- Lagerfeuer am Johannistag.
- Die Krippe am 24. Dezember aufstellen.
- Am Tauftag die Taufkerze anzünden.
- Vor dem Schlafengehen lesen.

Freizeit

Ich bin mit den Jahren recht gut darin geworden, Stress zu vermeiden. Hat man nämlich erst mal die 40 überschritten, geht einem das „Nein" sehr viel leichter über die Lippen, weil man aufgehört hat, allen zwanghaft gefallen zu müssen.

Trotz aller Bemühungen wird man von Zeit zu Zeit von unvermeidbarem Stress übermannt: die Deadline im Job. Umzug. Trennung. Die Pflege eines Angehörigen. Krankheitszeiten. Sachzwänge. Dies sind Lebensengpässe, und wenn wir das Glück haben, über Resilienz und ein gutes Netzwerk zu verfügen, dann wird uns dieser Stress wahrscheinlich nicht zerstören.

Unvermeidbaren Stress kannten auch unsere Vorfahren. Darüber hinaus litten sie unter Stressoren, die uns Gott sei Dank unbekannt sind: Haben wir genügend Vorrat für den Winter? Kommt unser Sohn aus dem Krieg zurück? Ich wünschte, ich hätte eine 45-Stunden statt einer 60-Stundenwoche! Ein Tag im Urlaub im Jahr ist doch wirklich nicht zu viel verlangt!

Hätten unsere Vorfahren geahnt, dass wir in ferner Zukunft unter einer ganz neuen Art von Stress leiden würden – dem Freizeitstress –, so hätten sie sich beim Gründen von Gewerkschaften vielleicht weniger Mühe gegeben.

Freizeitstress. Diese beiden Worte widersprechen sich in meinen Ohren. Freizeit und Stress sind wie Wasser und Öl. Eigentlich bin ich doch in meiner Freizeit aller Pflichten entledigt. Jeder Deutsche hat im Durchschnitt pro Tag vier Stunden Freizeit (da sind Hausarbeit und andere Pflichten rausgerechnet). Dazu kommen das Wochenende sowie im Durchschnitt 30 Tage Urlaub. Und trotzdem zieht das Leben an uns vorüber und wir werden mitgerissen wie in einem wütenden Tornado.

> ***„Man wird zu einem schlechteren Menschen, wenn man durch sein Leben hetzt. Das lässt sich gar nicht vermeiden."***
>
> TOMAS SJÖDIN[14]

Wir leben jedoch nicht erst seit wenigen Jahren im Zeitalter der Beschleunigung, sondern seit dem Jahr 1440. Als Johannes Gutenberg nämlich den Buchdruck revolutionierte. Das Tempo erhöhte sich rasant mit der Industrialisierung. Und seit dem Internet erleben wir eine Beschleunigungsexplosion. Paradoxerweise möchte man meinen, dass die Menschen früher viel weniger Zeit hatten, weil sie noch keine Maschinen hatten, die ihnen die Arbeit abgenommen haben. Und heute?

Der Soziologe Hartmut Rosa hat dazu folgende These: Obwohl der technische Fortschritt eigentlich dazu hätte führen müssen, dass der Einzelne mehr Zeit hat, genießen wir keinesfalls üppige Freizeit, sondern leiden an deren Gegenteil: unter Zeitknappheit. Der Grund dafür liegt darin, dass wir uns mehr aufhalsen, WEIL wir mehr Zeit haben. Das Leben auszukosten ist zum zentralen Streben des modernen, westlichen Menschen geworden – ein Erfahrungshunger, der allerdings nicht gestillt werden könne.[15]

Wir haben zu viel Auswahlmöglichkeit und leiden unter der Angst, etwas zu verpassen. Und mit dieser Angst geht der „Erlebniszwang" einher. Jeder möchte am Montagmorgen Aufregendes und Interessantes präsentieren können, das er am Wochenende erlebt hat. Selbst die Kleinsten unterliegen schon oft dem Erlebniszwang, der sich in die Familien eingeschlichen hat.

Wir leiden unter der Angst, etwas zu verpassen.

Noch heute erzählen meine Kinder gerne folgende Episode: Im Kindergarten bildeten die Kinder jeden Montagmorgen einen Stuhlkreis. Dort durfte jedes Kind erzählen, was es am Wochenende gemacht und erlebt hatte. Was war das für ein bunter Reigen an wunderbaren Erlebnissen! Freizeitpark, Kletterhalle, Zoo, Trampolinpark, Erlebnisbad, Zirkusschule, Kochkurs, Städtetrip, Shopping, etc. An diesem Punkt der Erzählung holen meine Kinder tief Luft und fahren trocken fort: „Und wir waren mal wieder nur im Wald."

Heute verstehen meine Kinder, warum wir Erlebnistouren als Ausnahmen und den Ausflug in die Natur als Regel behandelten. Weil Erlebniszwang dem Leben keinen Mehrwert beisteuert, sondern Hektik. Weil Eventüberhäufung zu Überdruss und Anspruchsdenken führt.

Letztens sinnierte meine 14-Jährige: „Wenn wir ständig in irgendwelche Erlebnisparks gefahren wären, dann wären solche Aktionen nichts mehr Besonderes und Schönes gewesen." Und damit trifft sie den Nagel auf den Kopf. Auch die schönsten Freizeitaktivitäten verlieren ihren Reiz, wenn man sie inflationär betreibt.

Die Verpassensangst treibt seltsame Blüten, denn anscheinend muss man nicht nur ständig in Bewegung bleiben, sondern dieses Unterwegssein auch in den sozialen Medien dokumentieren. Hip ist, wer heute in Barcelona, morgen in Amsterdam, übermorgen in Lissabon weilt. Diese und andere Städte werden durch Über-Tourismus ausgehöhlt: Die Mieten für Einheimische steigen in astronomische Höhen, Läden des täglichen Bedarfs werden von Souvenirläden und Restaurantketten verdrängt. Es regt sich Widerstand der Einwohner gegen die Touristenhorden, die ihre Heimat aushöhlen, ohne dies zu wollen oder zu wissen.

Ach, ich möchte dir weder deinen Wochenendtrip nach Prag noch deinen nächsten Urlaub versauen. Du hast es dir verdient. Und genau da bin ich an dem springenden Punkt.

Früher hat man für ein Flugticket, für ein besonderes Wochenende, für einen größeren Ausflug gespart. Genauso wie man für eine gute Garderobe, für das Auto, für den neuen Kühlschrank gespart hat. Heute klickt man sich durch die Konsumwelt und nimmt mit dem nächsten Klick noch schnell den Kredit und das 9,99 Euro-Flugticket mit. Ständige Verfügbarkeit verdirbt Vorfreude, vernichtet Geld und heizt das Klima an.

Wie wäre es, wenn wir nur einmal im Jahr einen Urlaub planen? Vielleicht sogar im kartoffeligen Deutschland, das überraschend schöne Ecken bietet und am Ende gar nicht so kartoffelig ist, wie man meint.

Als Gegentrend zur Verpassensangst möchte ich dir die Verpassensfreude ans Herz legen. Sie kann überraschend angenehm sein. Lass die Welt sich dort draußen eine Weile ohne dich weiterdrehen, lass die Partys und Veranstaltungen und Verlockungen mal ohne dich stattfinden, klinke dich aus, mach dir eine Tasse Kaffee und schaue aus dem Fenster. Tröste dich mit dem Gedanken, dass du mit niemandem peinlichen Small Talk betreiben musst und dir den Kater am nächsten Morgen sparst. Vielleicht lädst du eine Freundin ein und dann sitzt ihr gemeinsam an diesem Sommerabend im Garten und lacht über alte Geschichten. Vielleicht planst du einen köstlichen Soloabend und überraschst deine Mutter mit einem Anruf oder du liest endlich das Buch, das seit zwei Monaten unangetastet neben deinem Bett liegt.

Im Jahr 1957 sahen die liebsten Freizeitaktivitäten der Deutschen noch ganz anders als heute aus. Die zwei Top-Beschäftigungen hießen: Gartenarbeit und aus dem Fenster schauen.

Ist das nicht wunderbar symbolhaft?

Schauen wir uns die Gartenarbeit an:

Da verrichte ich etwas Produktives, verbinde mich mit der Natur, fühle etwas Transzendentes. Gartenarbeit ist Ausdruck von Kreativität und Hingabe und Freude. In ihr spiegelt sich unsere Gottes-Ebenbildlichkeit wider. Seit Jahren aber kultivieren die Deutschen im Schnitt immer weniger ihren kreativen Ausdruck. Hobbys wie Musizieren, Malen, Tanzen sind rückläufig. Die passive Berieselung ist auf dem Vormarsch. Aber diese dient ja oft nicht der Entspannung. Wenn ich einmal 15 Minuten Leerlauf habe, dann finde ich mich zu häufig mit dem Handy in der Hand auf der Couch wieder. Anstatt meinen eigenen Gedanken nachzuhängen, meinem Kopf eine wohlverdiente Pause zu gönnen, ein bisschen zu träumen, wird meine Aufmerksamkeit von App zu App gesteuert. Von Dopaminkick zu Dopaminkick. Wie ein schnüffelnder Hund komme ich nicht zur Ruhe und fühle mich nach diesen 15 Minuten weder beschenkt, noch inspiriert und ausgeruht schon gar nicht.

Womit wir bei Punkt 2 wären: aus dem Fenster schauen.

Das steht sinnbildlich für meditativ „genutzte", freie Zeit. Für das zweckfreie Sein. Einfach nur den eigenen Gedanken zuhören. Dem Leben zuschauen, wie es an einem vorüberzieht. Die Gedanken wandern lassen. Von mir zu Gott zu den Wolken zu den Apfelbäumen zu dem Graffiti auf der Garagenwand. Warum müssen wir denn jedes Quäntchen Stille und Leerlauf mit Lärm füllen, mit Ablenkung? Natürlich steht da einerseits der Suchtfaktor, den wir gratis zu den Apps dazubekommen und der uns mit seinen wohlplatzierten, gesteuerten Dopaminkicks bei der Stange hält. Andererseits sind wir so vom Leistungsprinzip durchtränkt, dass sich jeder Stillstand falsch anfühlt. Fast schon wie eine Sünde, die prompt mit einem schlechten Gewissen quittiert wird. „Man kann doch nicht nur einfach so aus dem Fenster schauen!"

Doch. Kann man. Wir haben es nur verlernt. Und unterwandern jede Form des guten Nichtstuns mit hektischer Aktivität, mit sinnesbetäubenden Klicks, mit Berieselung. Als hätten wir Angst vor der Konfrontation mit unserem reichen Innenleben.

Wie in allen Lebensbereichen brauchen wir auch in unserer Freizeit ein gesundes Maß. Ein gesundes Maß an Aktivität, an herrlich zweckfreiem Nichtstun und auch an Berieselung. Wenn man ein Sucht- und Gewohnheitsmensch ist, helfen klare Regeln. Z. B. nur an bestimmten Tagen die Zeitfresser-Apps zu aktiveren. (Bei mir sind das zwei Tage die Woche Instagram. Facebook habe ich dauerhaft deaktiviert.) Abends gestatte ich mir eine Stunde meiner Lieblingsserien. Und mittags liege ich handyfrei, nur mit einem Buch und meinen Gedanken im Bett. Für eine Stunde. Dafür stehe ich sehr früh auf und nutze die frühen Morgenstunden für Hausarbeit und eine erste Tasse Kaffee, die ich ganz in Ruhe trinke, während ich meinen Tag plane.

Haus und Garten beherbergen eine Fülle an kreativen Ausdrucksmöglichkeiten und je nach Laune widme ich mich mal dem einen oder dem anderen. Die Bücherregale locken mit Welten und Wörtern, in die ich eintauchen kann. In der Küche kann ich mich an neuen Rezepten ausprobieren. Oft gesellt sich meine Jüngste dazu und neben dem Backen und Kochen entstehen die schönsten Gespräche. Im Schrank in meinem Arbeitszimmer liegen Stoffreste, Wolle, Linolplatten, Aquarellpapier und Filz bereit, wann immer einen von uns die kreative Schaffenslust überfallen sollte. Ich ziehe Pflanzen, überlege, wo ich sie im Garten platziere, und freue mich im Sommer unbändig über duftende und fruchttragende Üppigkeiten. Im Winter verbringen wir Zeit mit Karten- und Brettspielen. Irgendein angefangenes Puzzle liegt im Wohnzimmer. Und wenn ich dem Alltag kurz entfliehen will, setze ich mich ans Klavier. Vor der Haustür warten Wälder und Seen und Bäche darauf, von uns erwandert zu werden. Alles, was man für einen Ausflug braucht, ist ein Picknick und eine Thermoskanne Kaffee. Das Handy lassen wir daheim. Wir müssen weder uns selbst noch anderen auf irgendeiner App beweisen, was für eine großartige Zeit und welchen Geheimtipp wir entdeckt haben. Somit sind wir ganz bei uns, bei unseren Lieben und bei unserem Erleben.

Kennen wir unsere Umgebung? Welche Museen, welche Burgen und Ruinen, welche Wanderwege und Orte haben wir noch nie gesehen? Hast du schon einmal deinen Alltag mit einer Fotokamera eingefangen? Die Räume, in denen du lebst?

Welche Möglichkeiten bieten sich dir in deinem Zuhause? Ein stilles Eck, in dem du Yoga praktizieren kannst? Eine Küche, in der du das Brotbacken ausprobierst? Ein bisschen Papier und einen Bleistift, mit dem du einfach nur für dich zeichnest? Ein leeres Notizbuch, in das du eine Geschichte oder ein Gedicht oder deine Alltagsbeobachtungen aufschreibst? Eine geerbte Nähmaschine, an der du alten Stoffen neues Leben einhauchst? Einen Tisch, an den du eine Freundin zum Kaffeetrinken und Reden einlädst?

Machen wir es wie die Menschen im Jahr 1957: Füllen wir unsere Freizeit mit einem Mix aus zweckfreiem Dasein und erfüllenden Tätigkeiten, die Herzen und Seelen guttun.

Kreative und meditative Freizeitideen:

- Einen Samstagmorgen in der Bücherei verbringen.
- Per Youtube-Tutorial ein neues Hobby wie z. B. Stricken oder Lettering oder Möbelrestauration lernen.
- Briefe schreiben.
- Dich mit den Kosmetik-Tipps auf S. 206-208 pflegen.
- Eine Radtour machen.
- Eine Geocaching-Tour starten.
- Einen Spieleabend mit Freunden veranstalten.
- Einen Podcast hören.
- Kreuzworträtsel und Sudokus lösen.
- Im Tierheim oder Wohltätigkeitseinrichtungen aushelfen.
- Einen Buchclub gründen.
- Tagebuch führen.
- Puzzlen.
- Eine Dinnerparty planen.
- Tanzen.
- Im Chor singen.
- Gedichte schreiben.
- ... oder doch einfach nur aus dem Fenster schauen.

EIN FOTOALBUM GESTALTEN

Letztens hatte ich Verwandtschaftsbesuch. Ich holte alte Fotoalben raus und legte sie auf den Tisch. Vergessen waren alle Handys! Stundenlang blätterten sich meine Lieben durch die Seiten und riefen: Weißt du noch? Oder: Das hatte ich ja ganz vergessen!

Man kann heutzutage sehr bequem digitale Fotobücher gestalten. Am besten macht man das jährlich – vielleicht vor den Weihnachtsfeiertagen? –, sodass einen diese Aufgabe nicht erschlägt.

Du kannst aber auch ein altmodisches Album für wenig Geld gestalten:

Nimm einen ausgedienten Aktenordner, festes DIN-A4-Papier und einen Klebstift. Loche das Papier und hefte es in den Ordner. Jetzt kannst du mit dem Einkleben der Bilder beginnen. Vielleich hast du ja auch Postkarten und Eintrittskarten aufgehoben. Die können ebenfalls in den Fotoordner geklebt und geheftet werden. Nähe für den Ordner einen Einband oder verziere ihn anderweitig.

Der Sonntag

So hart meine Eltern früher von Montag bis Samstag auf den Feldern, im Stall, im Garten und im Haus arbeiteten: Am Sonntag ruhten sie sich wie ihr Schöpfer aus. Soweit es ihnen natürlich möglich war mit den vielen Kindern und Tieren. Diese Gesetzmäßigkeit unterbrachen sie weder während der Ernte, noch um etwas Liegengebliebenes „schnell wegzuarbeiten". Nur die Hühner, ja, die mussten natürlich auch am Sonntag (im Schnelldurchgang) gefüttert werden. Es blieb Zeit für köstliche Nickerchen, für Biskuitrollen und heißen Kakao, für Spaziergänge durch die Fluren, für lange Stunden im Sessel mit einem Lieblingsbuch, für Freunde und Spielzeit mit dem Vater.

„Der Sonntag kann ein Tag sein, an dem wir ganz bewusst alle Lügen entmachten, die uns im Alltag ständig einreden wollen, dass wir noch mehr brauchen, noch mehr tun und sein müssen."

CHRISTINA SCHÖFFLER[16]

Der Sonntag (oder je nach Beruf auch ein anderer „Ruhetag" in der Woche) ist eine Insel, ein Durchatmen, ein Geschenk. Wir ruhen einen Tag lang, konsumieren nichts außer Omas Kuchen, lesen ohne schlechtes Gewissen stundenlang unseren neuen Krimi, spielen ausgiebig mit unseren Kindern, gehen ins Museum, in den Biergarten, in den Gottesdienst, raus in die Natur und lassen bei einem Picknick die Füße in den Bach hängen. Wir müssen auch keinen aufwendigen Sonntagsbraten vorbereiten. Wenn dir das Spaß macht, dann tue es. Ansonsten koche am Samstag vor, sodass du am Sonntag wirklich deine wohlverdiente Ruhe genießen kannst.

Der Sonntag bietet Raum, um Freunde und Verwandte zum Kaffee einzuladen. Mach ein kleines Fest daraus. Manche Kuchen lassen sich schon am Vortag vorbereiten, wie z. B. die Apple Pie auf Seite 190. Pflücke ein paar Wiesenblumen, stelle sie auf den Tisch und mach Tür und Herz weit auf. Das sind süße Stunden, wenn wir mit unseren Freunden auf der Terrasse sitzen, unsere Gesichter von der Sonne wärmen lassen und die Nachmittagsstunden unbemerkt vorüberziehen, bis jemand ruft: „Schon so spät! Wir müssen bald gehen." Und dann öffnest du zum krönenden Abschluss dieses Tages ein Fläschchen Sekt und lachend stoßt ihr an und versichert euch: „Das müssen wir bald wieder machen." Und das könnt ihr. Denn der nächste Sonntag kommt bestimmt!

Genügsamkeit

Es ist Sommer 2022, ich sehe bei den Nachrichten nicht mehr genau hin. Die Auseinandersetzung mit tages- und weltpolitischen Ereignissen sollten aber nicht darin bestehen, nur die Überschriften zu lesen und dann stoisch weiterzuscrollen. Ich weiß das. Und du weißt das. Aber manchmal muss man sein eh schon fragiles Herz ein wenig schützen. Dass es um die Welt nicht bestens bestellt ist, weiß ich auch so. Preise explodieren. Energieengpässe drohen. Freunde haben zum dritten Mal Corona. Und in Italien trocknen die Flüsse aus. Letzteres kann ich aus erster Hand berichten – denn in diesem Sommer reisten wir durch den hitzegeplagten Norden. Unter Straßenbrücken schlängelten sich staubige Flussbetten, deren zerrissener

Boden aussah wie meine Sommerfüße nach einem Tag Barfußgehen. In italienischen Kirchen wird um Regen gefleht.

Szenenwechsel: Am Samstag bin ich als Referentin zu einem Pfarrfrauentag eingeladen. Eine kleine Tagung mit berufstätigen Frauen, die mit evangelischen Pfarrern verheiratet sind. Ich erarbeite mit den Frauen das Thema „Wurzeln". Wir machen häufig Pausen, in denen sich reger Austausch entspinnt. Man fragt mich: „Wie heißt dein neues Buchprojekt?" Und ich erzähle ihnen von meinem Grandma-Buch. Ein wenig zögerlich. Ich schäme mich immer ein wenig für meine Bücher. Das ist meine Berufskrankheit und wird mit den Jahren leider nicht besser. Aber meine Schaffenswut ist Gott sei Dank größer als meine persönlichen Unsicherheiten.

> ***„Das wahre Glück***
> ***Ist die Genügsamkeit,***
> ***Denn die Genügsamkeit***
> ***Hat überall genug."***
>
> JOHANN WOLFGANG VON GOETHE

Ich habe auch nur wenige Millisekunden zum Schämen, denn die Frauen beißen an. Als hätte ich eine Tür geöffnet, quellen aus ihnen Geschichten über ihre eigenen Großmütter heraus. Die eine erzählt: „Meine Großmutter hat immer Restwasser in Eimern gesammelt und für den Toilettengang verwendet, um Wasser zu sparen." Die andere fällt ihr ins Wort: „Meine auch! Sie hat das Wasser des letzten Waschmaschinengangs in einen Eimer umgeleitet. Außerdem hat sie jeden Joghurtbecher ausgespült und darin Kleinigkeiten aufbewahrt." „Meine Oma hatte nie viel und war trotzdem immer zufrieden und für jede Kleinigkeit so dankbar."

Mir fällt auf: Keine der Frauen macht sich über die großmütterliche Genügsamkeit lustig. Stille tritt ein, jede blickt nachdenklich aus dem Fenster auf den Rasen der Tagungsstätte, der in der Sonne vor sich hindorrt.

Die wacklige Weltwirtschaft sowie der Klimawandeln holen uns ein und werden uns dazu zwingen, genügsamer zu leben. Wir können uns wie ein widerspenstig kämpfender Ringkämpfer, der den Kampf schon verloren hat, am Boden wälzen oder einen Schritt zur Seite treten, bevor wir in die Knie gehen und die Arena des Wahnsinns und Überkonsums hinter uns lassen.

Es sind nicht mehr die sparsamen Großmütter, auf die wir herabsehen, sondern das dysfunktionales Verhalten, welches auf Machterhalt, Ausbeutung, Gier und Bequemlichkeit fußt. Das wird uns zu Fall bringen. Nicht die vielen, vielen Menschen, die Regen- und Grauwasser sammeln. Die Joghurtbecher wiederverwenden. Die so wenig wie möglich ihr Auto bewegen. Die ihre Kleidung reparieren und Fast-Fashion-Unternehmen boykottieren. Die sich funktionale Verhaltensweisen ihrer Vorfahren wieder aneignen.

Aber klingt Genügsamkeit nicht nach ... nun ja, spaßbefreitem und verbissenem Verzicht? Sind alle, die Verzicht üben, unerträgliche, missgelaunte Tugendbolde?

Tatsächlich kann sich ein genügsames Leben äußerst erfüllend und zufrieden anfühlen. Wenn man sich einschränkt, wird man auf einmal sehr dankbar für das, was man hat: eine volle Regentonne. Einen Korb Gemüse. Eine gute Freundin.

Und gleichzeitig macht sich ein Gefühl von Erleichterung breit. Endlich bin ich nicht mehr getrieben. Ich lösche meine vollen Warenkörbe im Internet, schränke meine Internetnutzung ein, kündige den Vertrag mit dem Fitnessstudio, miste aus, ordne meine Finanzen und besitze eine überschaubare Garderobe.

Das befreit das Leben für die wirklich wichtigen Dinge: Freundschaften, Waldspaziergänge, Kreativität, Stille. Ein genügsames Leben ist eines, in dem Platz für Reichtümer ist.

Dankbarkeit

Was war zuerst da: Die Henne? Oder das Ei? Meine Töchter können über diese Frage stundenlang brüten, wie die Henne auf dem Ei. Wenn sie glauben, sie hätten die Lösung gefunden, kommt ein Erwachsener und macht ihre Erkenntnis mit seiner unerträglichen Logik zunichte.

> ***„Im normalen Leben wird einem oft gar nicht bewusst, dass der Mensch überhaupt unendlich mehr viel mehr empfängt, als er gibt, und dass Dankbarkeit das Leben erst reich macht."***
>
> DIETRICH BONHOEFFER

Wird man automatisch dankbarer, wenn man genügsam lebt? Oder wird man genügsamer, wenn man Dankbarkeit einübt? Ich glaube, das eine funktioniert nicht ohne das andere. Natürlich liegt bei uns eine Luxusvariante der Genügsamkeit vor. Ist jemand zur Genügsamkeit gezwungen, so wird dessen Herz nicht vor Entzücken überfließen. Und doch besitzen genügsame Menschen eine Eigenschaft, die uns das Überangebot und ständige Warenverfügbarkeit zunichte gemacht habe: das Staunen.

Es gibt da ein paar Männer eines pakistanischen Dorfstamms, die sich Woche um Woche vor eine kleine, laufende Kamera setzen und westliche Snacks und Gerichte probieren. Mal ist es ein Cheesecake, ein anderes Mal ein schokoladeüberzogenes Eis am Stiel oder sind es Pralinen. Sie laden die Videos auf Youtube hoch, wo sie eine begeisterte Fangemeinde haben. Diese Männer mit ihren stolzen Schnurrbärten und Trachten nehmen ein Eis in die Hand, das in glänzende Goldfolie verpackt ist. Ein Eis, wie man es hier an jeder Ecke kaufen kann. Anstatt die Verpackung achtlos aufzureißen, wird sie ehrfürchtig bewundert und kommentiert. Auch das Eis mit seinen kleinen Mandelstückchen im Überzug wird gepriesen. Und dann natürlich ihr Gott, dem sie vor jedem Snack danken. Sie danken auch demjenigen, der dieses Eis hergestellt hat (danke Unilever). Kein Detail entgeht ihnen, alles wird bestaunt.

Man könnte befürchten, die Männer würden vorgeführt werden, sodass sich der Mensch aus dem Westen ein weiteres Mal überlegen fühlen kann. Ich empfinde hier jedoch kein Vorführen. Denn die pakistanischen Männer sind meine Nachhilfelehrer im Fach Staunen. Es erfüllt mich mit Demut, diesen gewitzten, bescheidenen, staunenden Männern zuzusehen. Anderen Followern ergeht es ähnlich. Die Kommentarspalte unter diesen Videos ist der netteste Ort im ganzen Internet.

Vielleicht sollten wir uns den Überreizungen unserer Umgebungen entziehen, wann immer es uns möglich ist? Ob es nun die Bilder- und Wortflut der sozialen Medien sind. Oder der überfrachtete Terminkalender. Oder ein Zuviel an Begegnungen, Essen, Besitz.

Mit Verzicht rekalibrieren wir unsere Sinne und lernen das Staunen neu. Wenn du zwei Wochen lang auf Zucker verzichtest, könnte der Biss in einen reifen Pfirsich die größte Wonne auslösen. Wenn du eine Woche durch die Wildnis der Alpen gewandert bist, fühlt sich die erste warme Dusche an wie der Himmel. Wenn du drei Tage technikfrei lebst und danach den Laptop aufklappst, ist selbst der Check deiner Lieblings-Wetter-App ein echter Kick!

Das Lebensmodell in Industrienationen basiert nicht auf Verzicht, nicht auf Staunen, nicht auf Dankbarkeit. Sondern auf Überstimulation und Überangebot. Wir suchen Unterbrechungen davon, wenn uns das alles zu stressig wird. Diese Versuche münden in erzwungenen Beschränkungen, wie z. B. Diäten, oder im Zusammenbruch, wie z. B. Burnout oder teuren Urlauben, wo wir zwei Wochen lang wie tot am Pool eines All-Inklusive-Hotels liegen.

Genügsamkeit lebt das Leben vom anderen Ende her. Ein einfacher Lebensstil ist die Norm, unterbrochen von gelegentlichen Vergnügungen und Genuss. Und die rufen ein Staunen hervor (Ein Pfirsich! Eine warme Dusche! Die Wetter-App!) und das warme, demütige Gefühl von Dankbarkeit.

Aber Dankbarkeit ist ja nicht nur ein Gefühl, sondern eine Haltung, die man kultivieren kann. Eine Freundin von mir führt ein Dankbarkeitstagebuch. In dem kleinen Büchlein hält sie alle Kleinigkeiten fest, für die sie Gott Danke sagt. Ich glaube, ich möchte es ihr nachmachen.

Ich komme noch mal auf die pakistanischen Männer zurück. Wir könnten nicht unterschiedlicher sein und doch bringen uns Internet und die Liebe zum Essen zusammen. Ich halte neuerdings wieder öfter vor dem Essen inne und danke meinem Gott für den Schokoriegel oder den Pfirsich oder die Gemüsesuppe. Alles nur, weil ich das bei staunenden Männern im fernen Pakistan gesehen habe.

Nachbarschaftlichkeit

Wir zogen in einen neuen Ort, ich war hochschwanger mit unserem ersten Kind. Nach vielen Jahren ging es zurück aufs Land und erst dort merkte ich, wie wenig meine Persönlichkeit zu dem dicht besiedelten Wohnblockviertel gepasst hatte, in dem wir vier Jahre lange gewohnt hatten. Mit dem ersten Blick auf unser neues Dorf, in der Mitte der Kirchturm umringt von Feldern und Wäldern, brach etwas in mir auf. Instinktiv wusste ich, schon bevor ich nur einen Fuß in unser kleines, schiefes Häuschen gesetzt hatte, dass ich hier Wurzeln schlagen wollte. Ich sehnte mich danach, in einem Ort zu leben, wo der Mensch nebenan meinen Namen kennt. Wo ich anklopfen kann, wenn ich auf die Schnelle ein Ei oder eine Tasse Mehl oder ein Gespräch brauche. Wo man nicht zwangsläufig beste Freunde, aber doch so eine Art Lebensgemeinschaft wird, die in Notfällen zusammenrückt. Mit der man feiern und trauern kann.

> ***„Gute Nachbarschaft hält unsere Gesellschaft zusammen. Nicht nur, aber besonders in einer Krise.“***
>
> MARIA LOHEIDE

Die Anfänge waren zart. Ein Gespräch über den verrosteten Gartenzaun. Eine Schachtel Eier und ein Strauß Dahlien als Geschenk von der Bäuerin nebenan zur Geburt. Neugierige Blicke in den Kinderwagen. Jede kleine Interaktion webte ein feines, unsichtbares Netz, das mit der Zeit stärker und stabiler wurde. Irgendwann schickte ich meine Kinder zur Bäuerin, um Eier zu holen. Sie kamen immer mit so viel mehr nach Hause: mit Schokolade oder Tüten voller Obst und Gemüse aus dem Bauerngarten. Wir vertrauten unseren Haustürschlüssel der Nachbarin an und sie versorgte treu unsere Pflanzen während unseres Urlaubs. (Zu treu, wie sich herausstellte. Sie hatte einen Großteil von ihnen ertränkt.) An einem eiskalten Wintermorgen verpasste meine Zweitklässlerin ihren Schulbus. Mein Mann und ich waren bereits aus dem Haus und so stand dieses Kind ganz außer sich und weinend im Hof. Eine Nachbarin versorgte sie mit heißer Schokolade und einer Taxifahrt in die

Schule. Vor Kurzem waren wir in Quarantäne und mein Handy leuchtete mit mehreren Nachrichten aus dem Dorf auf: Können wir irgendwas für euch tun? Für euch einkaufen? Braucht ihr Medikamente? Wenn wir einen Anhänger benötigen, leihen wir ihn uns bei den Nachbarn. Wenn diese Computerprobleme haben, klingeln sie bei uns.

Zugewandte Nachbarschaft ist an vielen Orten keine Selbstverständlichkeit, kein Selbstläufer mehr, so wie es vor zwei oder drei Generationen noch häufig war. Gemeinden und Städte wachsen weniger organisch. Neubaugebiete und Mietkasernen werden im Eiltempo hochgezogen. Menschen ziehen viel häufiger um und bleiben selten an dem Ort, an dem sie geboren wurden. In strukturschwachen Gegenden sterben Ortskerne aus.

Und doch. Vielleicht leben links und rechts, über und unter dir Menschen, die du nicht kennst und die die gleiche Sehnsucht nach einer Solidargemeinschaft mit sich herumschleppen wie du. Der amerikanische Soziologe Robert Putnam hat einiges über Zivilgesellschaft und soziales Vertrauen geschrieben. Natürlich ist die Situation im US-amerikanischen Raum noch mal anders gelagert als bei uns, aber der Trend zur Vereinsamung ist hier ebenfalls auf dem Vormarsch. Putnam

beschreibt Nachbarn als „soziales Kapital". Das Finanzkapital habe langsam und stetig das soziale Kapital – unsere lebenswichtigen Netzwerke – abgelöst.

Wer dieses soziale Kapital besitzt, der verspüre mehr Sicherheit („Wir achten auf dein Haus, während du weg bist!"), mehr Glück, mehr Lebensqualität. Und mehr Verwurzelung.

Wenn du deine Nachbarn kennenlernst, dann baust du nicht nur an einem lebensnotwendigen sozialen Netz, sondern trägst zur Klimafreundlichkeit bei: In einer funktionierenden Nachbarschaft muss nicht jeder Einzelne Rasenmäher, Anhänger, Bohrmaschine, Nähmaschine, Reinigungsgerät etc. besitzen. Man leiht aus und verleiht. Manchmal nur ein Ei, das einem nach Ladenschluss noch dringend zum Kuchenbacken fehlt. Ein anderes Mal hütet man das Kind der Nachbarin, die dringend zum Zahnarzttermin muss. Mal hilft man bei schweren Gartenarbeiten. Und man sieht regelmäßig nach der alten Dame zwei Häuser weiter und bringt die kaputten Schuhe zum Schuster im Viertel und kauft beim Lebensmittelhändler am Eck ein. Wenn unsere Bedürfnisse direkt und lokal gestillt werden, benötigen wir weniger kosten- und transportaufwändige Mittel. Eine funktionierende Nachbarschaft ist einer der wichtigen Schlüssel für eine ressourcenschonende Zukunft.

Eine gute Nachbarschaft lebt von Nähe und Distanz. Sowie von Toleranz, Großzügigkeit und Hilfsbereitschaft. Das funktioniert nicht immer. Manchmal können Nachbarn einem das Leben schwer machen, und wenn das bei dir der Fall ist, hast du bei den letzten Zeilen nur den Kopf geschüttelt und hättest das Buch am liebsten frustriert in die Ecke geschmissen.

Meine Freundin hat lange Zeit unter einem Nachbarn gelitten, der seine ganze Bitterkeit regelmäßig über ihrer Familie ausgoss. Das nahm so beängstigende Züge an, dass meine Freundin und ihre Familie zu einem Umzug gezwungen waren. An ihrem neuen Ort schlagen sie gute Wurzeln und erleben eine ruhige sowie hilfsbereite und zugewandte Nachbarschaft.

Manchmal müssen wir über unseren Schatten springen und das ist bekanntlich nicht immer einfach. Aber wenn die ersten Bande geknüpft sind, wächst das Vertrauen ineinander und somit auch eine kleine Solidargemeinschaft: unser soziales Kapital.

Nachbarschaft bauen. So könnte es gehen:

- Bist du neu in deiner Straße, dann stell dich deinen unmittelbaren Nachbarn vor. Wenn man zu viel Zeit verstreichen lässt, wird es erfahrungsgemäß immer schwieriger, sich den Nachbarn vorzustellen. Also mach's gleich. Bring selbst gebackene Kekse oder ein Glas Marmelade mit.
- Plane einen Hofflohmarkt, ein Haus- oder Straßenfest. Binde Nachbarn in die Vorbereitung mit ein.
- Nimm Päckchen und Pakete für deine Nachbarn an.
- Wenn du eine Not in der Nachbarschaft bemerkst, biete unaufdringlich deine Hilfe an. Bring ein Essen vorbei, biete Hausaufgabenhilfe an, räume ein paar Extrameter Schnee.
- Biete den Nachbarn an, ihre Blumen zu gießen und nach der Post zu sehen, wenn sie in den Urlaub fahren.
- Du hast Kuchen vom Sonntagskaffee übrig? Dann verteil ihn in der Nachbarschaft.

- Stelle einen kleinen Gruß zu Weihnachten oder Ostern vor die Tür.
- Schaffe keinen unnötigen Grund für Ärgernisse, wie ausufernden Partylärm (oder lade zur nächsten Party die Nachbarn direkt mit ein) oder ungeräumte Gehwege.
- Du planst eine größere Anschaffung, wie z. B. einen Anhänger, Rasenmäher oder einen Beamer? Dann überlege, ob du dir Anschaffungskosten und Objekt mit den Nachbarn teilen kannst.
- Eröffne einen Foodsharing-Schrank (siehe S. 142)
- Auf der Plattform *www.nebenan.de* kannst du deine Nachbarn kennenlernen und mit ihnen Nachbarschaft gestalten.

Schlusswort

Während ich diese letzten Zeilen tippe, ist die Welt dort draußen vor meinem Fenster nicht besser geworden. Eine Spirale aus Gewalt und Hass sowie ein Rechtsruck in vielen Ländern verunsichert mich. An manchen Tagen lähmt mich die Weltenlage. Und ich kann mir vorstellen, dass es dir ähnlich ergeht.

Der kürzlich verstorbene US-amerikanische Pastor Frederick Buechner sagte einmal: „Hier ist die Welt. Wunderbare und schreckliche Dinge geschehen. Hab keine Angst."

Das Gute und Schlechte werden immer untrennbar miteinander verwoben sein. An den schönsten Flecken auf dieser Erde können die schrecklichsten Dinge geschehen. Und an schrecklichen Orten Wunder passieren.

Die Lauten und das Laute wühlen unser Inneres auf. Sie lassen uns glauben, es gäbe nichts mehr Gutes. Sie übertönen auch diejenigen, die leise den Krankheiten unserer Zeit Linderung verschaffen. Die sich beharrlich an guten Werten orientieren, die sich um eine lebendige Nachbarschaft bemühen. Die Hoffnung mit ihren Liedern und Geschichten und Bildern verbreiten. Die sich einem linearen Wirtschaftssystem entgegenstemmen. Die Herzensweite besitzen und nur in einer Sache radikal sind: Bescheidenheit.

Die Stillen, Treuen, Bescheidenen, hart Arbeitenden haben keine Reichweite im digitalen Sinne. Aber ihr Einfluss kann nicht hoch genug geschätzt werden. Sie sind der Kleber unserer Gesellschaft.

Lassen wir uns nicht von dem Schrillen und der Angstmacherei lähmen, sondern entdecken die Schönheit im Alltag. Die Wege unserer Vorfahren. Die Fähigkeiten, die in uns schlummern.

Arthur Ashe, der erste schwarze US-amerikanische Tennisspieler, der für das Davis-Cup-Team nominiert wurde (und später als Aktivist arbeitete), prägte folgenden Satz: „Beginne, wo du bist. Nutze, was du hast. Tu, was du kannst."

Wer hätte gedacht, dass ein Tennisspieler den Inhalt meines Buches mit drei kurzen Sätzen auf den Punkt bringt? Punkt. Satz. Sieg.

Was würde Großmutter tun? Sie beginnt, wo sie ist. Sie nutzt, was sie hat. Und sie tut, was sie kann. Das ist der Leitgedanke, der mich wieder und wieder zurückführt auf den Weg, den ich gehen will.

Ich wünsche mir, dass ich in dir einen Traum wecken konnte. Den Traum vom erdverbundenen, einfachen, beglückenden Leben. Und dass dir dieses Buch hilft, diesen Traum Schritt für Schritt Wirklichkeit werden zu lassen. Nicht mit einer Hauruck-Aktion, sondern mit vielen kleinen Schritten. Und wenn du stecken bleibst, nach Inspiration suchst, dann frage nicht zuerst eine Suchmaschine, sondern gehe zum alten Nachbarn, ruf deine Großmutter an und frage: Was würdest du tun?

Anhang

Fußnoten

[1] Radical Homemakers: Reclaiming Domesticity from a Consumer Culture, Shannon Hayes

[2] A post-Sept. 11 manifesto for environmentalists, Wendell Berry: https://grist.org/article/of8/

[3] Home Economics, Wendell Berry, S. 187

[4] https://www.bz-berlin.de/kultur/2700-liter-wasser-fuer-ein-t-shirt-die-schattenseiten-der-mode)

[5] https://www.sueddeutsche.de/wissen/wasserverbrauch-8000-liter-was-ser-fuer-eine-jeans-1.611559

[6] https://www.welt.de/wissenschaft/umwelt/article142448033/Wie-aus-dem-Aralsee-eine-Salzwueste-wurde.html

[7] https://www.bund.net/fileadmin/user_upload_bund/publikationen/chemie/chemie_plastikatlas_2019.pdf

[8] https://www.greenpeace.de/publikationen/20211122-greenpeace-detox-mode-maerchen-pt1.pdf)

[9] https://www.welt.de/wirtschaft/article203216646/Bekleidung-Hunderte-Millionen-Textilien-fabrikneu-vernichtet.html

[10] https://magazin.nzz.ch/gesellschaft/marie-kondo-ordnung-beibringen-ld.1454585?reduced=true

[11] https://www.focus.de/finanzen/news/teuer-deutschland-umfrage-wie-sparen-sie-um-der-grassierenden-inflation-zu-begegnen_id_98562724.html

[12] https://www.bmel.de/DE/themen/ernaehrung/lebensmittelverschwen-dung/studie-lebensmittelabfaelle-deutschland.html

[13] Fermentieren von Kirsten K. Shockey, Milchsauer eingelegt von Claudia Lorenz-Ladener

[14] Tomas Sjödin, Es gibt so viel, was man nicht tun muss. SCM-Verlag

[15] https://www.spiegel.de/kultur/literatur/hartmut-rosa-beschleunigung-und-entfremdung-a-908140.html

[16] Christina Schöffler: Slow Living - Aus der Ruhe leben: 52 Impulse für Sonntagsentdecker. Gerth Medien

Register

NÄHEN UND STRICKEN

ALTE HAUSMITTEL

KÖRPERPFLEGE

GARTENTIPPS

UPCYCELN

Bibliografische Information der Deutschen Nationalbibliothek:
Die Deutsche Nationalbibliothek verzeichnet diese Publikation in der Deutschen Nationalbibliografie;
detaillierte bibliografische Daten sind im Internet über http://dnb.d-nb.de abrufbar.

FSC www.fsc.org MIX Papier | Fördert gute Waldnutzung FSC® C014138

Product footprint CO_2 Neutral PBN-CFMCP-015258 www.preferredbynature.org

Klimaneutrale Produktion.

Gedruckt auf umweltfreundlichem, chlorfrei gebleichtem Papier.

Gesamtgestaltung: Olaf Johannson, www.spoondesign.de
Umschlagfotos: © Veronica Smoor
Fotos: Veronica Smoor; Shutterstock.com (S. 2ff, 3ff, 109, 146, 153, 154; Unsplash.com (S. 76, 91)
Illustrationen: Shutterstock.com

Druck und Bindung: FINIDR, s.r.o
Gedruckt in der Tschechischen Republik

ISBN 978-3-98790-004-4

Weitere Informationen zum Verlag:
www.bonifatius-verlag.de